**Jürgen Dollase**
Völlerei

Jürgen Dollase

# Völlerei
# Das große Fressen

**HIRZEL**

Bibliografische Information der Deutschen Nationalbibliothek
Die Deutsche Nationalbibliothek verzeichnet diese Publikation in der
Deutschen Nationalbibliografie; detaillierte bibliografische Daten sind im
Internet unter https://portal.dnb.de abrufbar.

Jede Verwertung des Werkes außerhalb der Grenzen des Urheberrechtsgesetzes ist unzulässig und strafbar. Dies gilt insbesondere für Übersetzungen, Nachdruck, Mikroverfilmung oder vergleichbare Verfahren sowie für die Speicherung in Datenverarbeitungsanlagen.

1. Auflage 2022
ISBN 978-3-7776-2968-1 (Print)
ISBN 978-3-7776-3124-0 (E-Book, epub)

© 2022 S. Hirzel Verlag GmbH
Birkenwaldstraße 44, 70191 Stuttgart
Printed in Germany

Lektorat: Ulrike Burgi, Köln
Einbandgestaltung: Stefan Schmid Design, Stuttgart
Satz: Satzpunkt Ursula Ewert GmbH, Bayreuth
Druck und Bindung: CPI Books GmbH, Leck

www.hirzel.de

# Inhalt

Vorwort . . . . . . . . . . . . . . . . . . . . . . . . . . . . . . . . . . . . . . . . . . . . . . . 7

Von der Todsünde zum Volkssport . . . . . . . . . . . . . . . . . . . . . . . . . 9

Todsünde Völlerei . . . . . . . . . . . . . . . . . . . . . . . . . . . . . . . . . . . . . . 12
Die Entwicklung eines Begriffs . . . . . . . . . . . . . . . . . . . . . . . . . . . . 12
Kirchliches Verständnis zwischen Körperlichkeit
und Geistigem . . . . . . . . . . . . . . . . . . . . . . . . . . . . . . . . . . . . . . . . 14
Ein Gespräch mit Kardinal Meisner und Tendenzen
bei Papst Franziskus . . . . . . . . . . . . . . . . . . . . . . . . . . . . . . . . . . . . 16
Die Fastenzeit als Wiege der kreativen Küche . . . . . . . . . . . . . . . . . 21

Essgewohnheiten im Wandel der Zeiten . . . . . . . . . . . . . . . . . . . . . 23
In der Antike . . . . . . . . . . . . . . . . . . . . . . . . . . . . . . . . . . . . . . . . . 23
Im Mittelalter . . . . . . . . . . . . . . . . . . . . . . . . . . . . . . . . . . . . . . . . . 25
Im 19. Jahrhundert . . . . . . . . . . . . . . . . . . . . . . . . . . . . . . . . . . . . . 28
Zur Nachkriegszeit in Deutschland . . . . . . . . . . . . . . . . . . . . . . . . 29
Und heute? . . . . . . . . . . . . . . . . . . . . . . . . . . . . . . . . . . . . . . . . . . 30

Ein Blick in die Psychologie und die Medizin . . . . . . . . . . . . . . . . . 33
Völlerei als Problem . . . . . . . . . . . . . . . . . . . . . . . . . . . . . . . . . . . 33
Was sagt die Psychologie dazu? . . . . . . . . . . . . . . . . . . . . . . . . . . . 33
Adipositas: Krankheit oder Folge eines Verhaltens? . . . . . . . . . . . . 37

Völlerei und Individuum: die Mechanismen des Vielessens . . . . 41
Wenn man fast nur noch ans Essen denkt . . . . . . . . . . . . . . . . . . . . 41
Persönliche Beobachtungen: das »Komaessen« . . . . . . . . . . . . . . 43
Essen als Belohnung in einer Welt voller Schwierigkeiten . . . . . . 46
Abnehmen. Ein Selbstversuch . . . . . . . . . . . . . . . . . . . . . . . . . . . . 49
Aus dem Leben eines professionellen Verkosters . . . . . . . . . . . . . 52
Auch der Profi ist privat ein ganz normaler Esser . . . . . . . . . . . . . . 59

Hat der Mensch einen Softwarefehler? .......................... 61
Der große Unterschied zu früher ............................... 62
Gab es einen Urknall der Völlerei? ............................. 65
Balance und Dysbalance ....................................... 66

**Essen in Gesellschaft und Politik** ............................ 68
Völlerei in der »aufgeklärten« bürgerlichen Gesellschaft ...... 68
Die Akzeptanz des Übergewichts: neue Vorbilder ............. 69
Die verhängnisvolle Rolle der Discounter ..................... 71
Überernährung, das sanktionslose Vergnügen ................. 72
Essen als die letzte legale Sucht? ............................. 73
Die Beschaffenheit von Nahrungsmitteln ..................... 75
Ist die Unterschicht dick und die Oberschicht dünn? ........... 78
Das schlechte Gewissen: Ist Völlerei verantwortungslos? ...... 82
Genuss als Tarnname für Völlerei ............................. 85

**Keine Völlerei – Genuss mit nur ein wenig Reue** ............. 87
Warum lustfeindliche Konzepte scheitern müssen ............ 88
Mäßigung muss nicht Gleichmaß bedeuten .................. 91
Aufforderung zur kontrollierten Völlerei oder:
Zehn Tipps, um mehr essen und genießen zu können ........ 96
Zwei kulinarische Bilder: Warum üppiges Genießen
oft so schön ist ............................................... 101

**Literaturverzeichnis** ........................................ 108

**Bildnachweis** ............................................... 109

# Vorwort

Liebe Leserin, lieber Leser,
Sie haben ein Buch mit dem Titel »Völlerei« in die Hand genommen. Warum? Betrifft es Sie vielleicht persönlich, und wollen Sie einmal sehen, wie man hier ein Thema, das Sie schon lange umtreibt, behandelt? Neigen Sie vielleicht dazu, bei einem Essen mit Freunden oder auch allein, mit Ihrer Partnerin oder Ihrem Partner ein wenig arg viel »zuzulangen« – wenn es denn gerade mal wieder besonders gemütlich ist und der Wein wieder ganz besonders gut schmeckt? Ich gebe zu, ich spreche da auch von mir selbst … Oder: Denken Sie daran, dass Sie vor ein paar Tagen im Supermarkt eingekauft haben, eine sehr dicke Person vor Ihnen das Band an der Kasse gefüllt hat und Sie sich angesichts der Berge von Snacks, Süßigkeiten, Cola und Fertiggerichten gedacht haben, dass da doch ganz offensichtlich die Figur mit der Ernährung zu tun hat? Oder: Vielleicht neigen Sie ja dazu, den wirklich unmäßig Dicken – politisch völlig unkorrekt – irgendwie einen schwachen Charakter zuzuschreiben, eine mangelnde Kontrolle über sich und das Leben, die dazu führen kann, dass man mit solchen Menschen gegebenenfalls nicht unbedingt zusammenarbeiten oder befreundet sein möchte?

Ich unterstelle einmal, dass es eine ganze Reihe von offensichtlichen, weniger offensichtlichen oder auch ganz persönlichen Gründen geben kann, sich dem Thema Völlerei zu nähern, und dass wir in der Mehrheit dazu neigen, beim Thema Essen gedanklich weit über das Ziel »Ernährung« hinauszuschießen. Und weil ich selbst als Profi, der sich seit Jahrzehnten mit Kulinarischem beschäftigt, sozusagen mittendrin bin, möchte ich Sie herzlich einladen, sich zusammen mit mir auf die Suche nach den Höhen und Tiefen und Zusammenhängen unserer Lust am Essen zu begeben. Sie werden viele Beispiel aus der Praxis finden, vom Gespräch mit einem Kardinal, über einen Selbstversuch, bis hin zu Berichten von Menüs mit einem Umfang, den Sie sich vielleicht kaum vorstellen können. Und zum Schluss – so viel sei verraten – wird kein feuriger Appell zur Mäßigung stehen, sondern ein, sagen wir: selbstkritischer Aufruf zu einer Art von Genuss, mit der wir alle gut leben können.

# Von der Todsünde zum Volkssport

Der Begriff »Völlerei« gehört heutzutage sicherlich nicht zum üblichen Sprachgebrauch. Das Phänomen, das der Begriff bezeichnet, ist allerdings vermutlich so weit verbreitet, wie noch nie in der Geschichte. Man isst zu viel und weit über den Hunger hinaus, und das ausgerechnet vor allem in den Ländern, die wir »zivilisiert« nennen. Was früher einmal männliche Schwerstarbeiter an Kalorien brauchten, ist jetzt vielfach zum Standard für ein Abendessen geworden, und das hat Folgen. Wer langsam älter wird und eine mehr oder weniger normale Figur hat, fällt heutzutage damit gegenüber den Übergewichtigen so stark auf, dass man ihn manchmal durchaus für nicht ganz gesund hält. Am anderen Ende der Bevölkerungspyramide gibt es eine große Zahl an fettleibigen Kindern und Jugendlichen. In früheren Zeiten wurden in Schulklassen die Dicken noch als Außenseiter geschmäht. Heute wiegen ganze Klassen wahrscheinlich 50 % mehr als vor vier oder fünf Jahrzehnten.

Der Weg des Menschen von der Wiege bis zum Grab fing lange Zeit mit dezentem Essen an, mit schlanken Figuren, die erst im fortgeschrittenen Alter langsam ein gewisses Übergewicht aufbauten. Heute gibt es bei uns einerseits kaum noch finanzielle Probleme mit der Beschaffung von Lebensmitteln. Andererseits sind viele Menschen diesem Überangebot offensichtlich nicht mehr gewachsen. Es scheint in den Köpfen einen Schaltfehler zu geben, der für Ungleichgewicht sorgt. Man kann mehr essen als der Körper (ver-)braucht, und das, ohne eine biologische oder physiologische Notwendigkeit.

Das Eichhörnchen legt sich Vorräte an und der Bär frisst Unmengen im Sommer, weil er dicke Fettpolster braucht, um durch den Winter zu kommen. Und wir? Aldi, Lidl, Netto und Co. haben immer geöffnet, mittlerweile oft von 7 bis 22 Uhr, damit wir auf keinen Fall »vom Fleisch fallen«. Es scheint aber auch grundsätzlich durch die gute wirtschaftliche Lage eine Vielzahl an Konsumentscheidungen zu geben, der keine Grenzen gesetzt sind. Um an diesem Punkt anzukommen, ist der Mensch einen langen Weg gegangen, und dieser Weg war von vielerlei Schwierigkeiten, vor allem vielen Verboten, begleitet. Heute ist das haltlose, völlig über den Bedarf hinaus gehende »Komaessen« (s. S. 41) geradezu ein Volkssport.

In früheren Zeiten galt die Völlerei als Todsünde – wie viele Dinge, die mit einer expliziten Körperlichkeit zu tun hatten. Obwohl viele Menschen der einfacheren Stände in vergangenen Zeiten ohnehin nur ein sehr karges Angebot an Essbarem hatten, sollten sie sich auch noch an alle möglichen Regeln halten. Auch damals führte das schon zu allerlei kulinarischen Exzessen und Erfindungsreichtum. Denken wir nur an die Feste des einfachen Volkes, wie sie Pieter Bruegel d. Ä. in seinen Bildern darstellt. Und das Fastenessen in mittelalterlichen Klöstern gilt als eine Wiege der Feinschmeckerei, weil man mit allen möglichen Tricks versuchte, die starren Regeln zu umgehen.

Heute nun sind wir im Übermaß gelandet, und das Hauptproblem ist nicht die Beschaffung von Nahrung, sondern die Beseitigung der Folgen von Überversorgung, und das in ganz unterschiedlicher Form. Es gibt Unmengen völlig verschiedener Diäten, gerne verbunden mit regelrechten Heilsversprechen. Es gibt »Superfood«, das nicht etwa besonders viele Kalorien hat, sondern uns gesund machen soll, es gibt Unmengen an Aktivitäten, die nur den einen Zweck haben, nämlich, die Figur im Zaum zu halten, die sich durch kulinarische Ausschweifungen immer wieder selbstständig macht. Wenn alles nicht hilft, dann wird die gesellschaftlich-politische Seite gewählt, also die Diskriminierung von Dicken angeprangert. Irgendwie will man aus der Ecke herauskommen, in die ein übermäßiger Konsum von Nahrungsmitteln geführt hat. Zu allem Überfluss werden die Übergewichtigen für charakterlich – sagen wir – nicht ganz gefestigt gehalten, ähnlich wie Kettenraucher oder sonstige Abhängige. Gefragt ist heute die oder der schlanke, dynamisch wirkende Managerin oder Manager. Zu anderen Zeiten (nämlich in den 1950er- und frühen 60er-Jahren) konnte man sicher sein, dass ein ordentlicher Fabrikant oder Firmenchef im Kreise seiner Mitarbeiter schon deshalb auffiel, weil er wie eine Bienenkönigin mit ihren Arbeitsbienen wirkte. Der Hausherr, von einer treusorgenden Gattin wohlgenährt, war dann »ein starker Esser« – was nicht etwa als Kritik, sondern eher als ein besonderes Lob für die Kochkünste und liebevolle Betreuung durch die Ehefrau verstanden wurde. Das Ergebnis der Bemühungen war nicht etwa »dick«, sondern »stattlich«.

Natürlich gibt es auch subtile Ausreden für einen kaum gezügelten Umgang mit dem Essen und Trinken, vor allem dann, wenn Essen wie bei den Gourmets geradezu als Beschäftigung für Leute mit einer verfeinerten Lebensart »verkauft« wird, wenn die Dauerbeschäftigung mit Essen – wie zum Beispiel oft in Bayern – zur Folklore wird, oder auch dann, wenn alles rund ums Essen geradezu zu einer »Staatsreligion« wird (wie zum Teil in Frankreich), und sich eine hohe gesellschaftliche Position nur erreichen lässt, wenn man über ausgeprägte kulinarische Kenntnisse und eine entsprechende Lebensart verfügt. Gucken wir uns nun all diese Ausprägungen genauer an!

# Todsünde Völlerei

## Die Entwicklung eines Begriffs

Das Phänomen Völlerei, das man im Christentum unter die Todsünden einordnet, kann man heute unter ganz unterschiedlichen Aspekten sehen. Es ist zum Beispiel nicht verboten, ständig zu viel zu essen, und durch den Hinweis darauf, dass es sich um »Völlerei« und eine Sünde handele, wird sich heute kaum jemand von seinen Verhaltensweisen abbringen lassen. Aber: Das von den kirchlichen Regeln erzeugte Bewusstsein für Fehlhandlungen aller Art lässt sich nicht so ohne Weiteres ausschalten –, auch wenn die Bedeutung von kirchlichen Vorschriften heute scheinbar kaum noch eine Rolle spielt. Es gibt bei vielen Menschen so etwas wie einen kirchlich-religiösen Bodensatz, der ihnen vielleicht gar nicht bewusst ist, aber dennoch irgendwie und irgendwo eine Rolle spielt. Es ist wohl eher eine Vermutung, dass unsere heutigen Gesetze auf religiöse Regeln beruhen. Es gibt zwar auch vor dem Gesetz kleinere Vergehen und große Kapitalverbrechen, die Bindung an das, was man unter Todsünde versteht, ist aber kaum noch gegeben.

Ich möchte hier zunächst einmal Meyers Enzyklopädisches Lexikon bemühen, das vom Stand der Wissenschaft und Forschung geprägt ist und uns eine Definition liefert. Eine Sünde ist demnach eine »Bezeichnung für das Tun eines Menschen, mit dem er die Verbindung zum Heiligen oder zur Gottheit unterbricht, und zwar durch Übertretung göttlicher Gebote auf kulturell-religiösem, sittlichem oder sozialem Gebiet«. Und bei Wikipedia findet sich der Eintrag, dass der Begriff Todsünde üblicherweise auf sieben besonders schwere Verstöße angewandt wird:
1. Superbia: Hochmut (Stolz, Eitelkeit, Übermut)
2. Avaritia: Geiz (Habgier, Habsucht)

3. Luxuria: Wollust (Ausschweifung, Genusssucht, Begehren, Unkeuschheit)
4. Ira: Zorn (Jähzorn, Wut, Rachsucht)
5. Gula: Völlerei (Gefräßigkeit, Maßlosigkeit, Unmäßigkeit, Selbstsucht)
6. Invidia: Neid (Eifersucht, Missgunst)
7. Acedia: Faulheit (Feigheit, Ignoranz, Überdruss, Trägheit des Herzens)

Es fällt rasch auf, dass die infrage kommenden Sünden in einer bürgerlichen, durch Gesetze (im weitesten Sinne) geregelten Gesellschaft kaum jemals strafrechtliche Folgen haben dürften. Sie betreffen in erster Linie bestimmte charakterliche Eigenschaften, die bis zum heutigen Tag nicht zu den angenehmen gezählt werden, aber eben – wie Stolz, Habsucht, Zorn oder Trägheit – kaum an juristisch überprüfbaren Fakten festgemacht werden können. Wenn man sie als Ausdruck einer Geisteshaltung sieht, die sich von der Befolgung göttlicher Prinzipien und Gebote besonders stark entfernt, wirken sie dagegen ausgesprochen logisch. Das gilt ganz besonders auch für die Völlerei, vor allem dann, wenn »Das große Fressen« (so der Filmtitel eines Films von Marco Ferreri aus dem Jahr 1973) zu einem alles bestimmenden Lebensinhalt wird.

Der Begriff Todsünde ist innerhalb der kirchlichen Sphären ebenfalls nicht unumstritten, da er das Wort »Tod« enthält. Allgemein gelten die Todsünden als besonders schwere Sünden gegenüber den »lässlichen Sünden«, sie gelten als »Wurzelsünden« oder »Hauptsünden« in dem Sinne, dass die dort zum Ausdruck kommende Geisteshaltung die Wurzel vieler anderer Sünden ist. Der Begriff »Tod« bezieht sich auf den sogenannten »zweiten Tod«, der die Verdammnis des schweren Sünders in der Hölle bezeichnet, falls er diese Sünden ohne Reue begeht.

Darstellung der Völlerei aus dem 15. Jahrhundert – seit jeher ein Thema

## Kirchliches Verständnis zwischen Körperlichkeit und Geistigem

Es ist nicht erst heute so, dass man den Eindruck hat, die christlichen Kirchen kämen mit Körperlichem aller Art nicht wirklich gut zurecht. Essen und Trinken hatten seit jeher eine enorme Bedeutung für den Menschen, und diese Bedeutung hatte nicht nur etwas mit dem Stillen von Hunger und Durst zu tun. Irgendwo und irgendwann haben sich Appetit und Genuss eingeschlichen, und es wurde schnell klar, dass die Magie des Genusses ein erhebliches Gegengewicht zu der geistigen Konzentration auf das Göttliche und vor allem die Befolgung göttlicher Regeln ausüben kann. Dagegen musste man anscheinend schon sehr früh (also zu alttestamentarischer Zeit) etwas unternehmen. Die Kirche hat dann im Laufe ihrer Geschichte in Richtung übermäßiger Nahrungsaufnahme und Völlerei mächtige Geschütze aufgefahren.

Schon aus dem Alten Testament ist aus Amos 5,21 überliefert: »Ich hasse, verwerfe eure Feste und kann nicht riechen eure Festversammlungen«, die – in alten wie in neuen Zeiten – der Ort waren, an dem man dem Essen besonders üppig zusprach. Im Römerbrief des Apostels Paulus heißt es: »Das Reich Gottes ist nicht Essen und Trinken« (Römer 14,17). Und in seinem Brief an die Galater schreibt Paulus: »Das Fleisch gelüstet wider den Geist, der Geist aber wider das Fleisch«, und »als Werke des Fleisches sind offenkundig […] Mord, Trunkenheit, Schlemmerei und dergleichen« (Galater 5, 17–21). Augustinus (354–430 n. Chr.) erläutert in seinen »Bekenntnissen« (XII) den gottgefälligen Esser, der mühsam zwischen Notwendigem und der Versuchung einer knappen Überschreitung balanciert. Für den »Wüstenvater« Johannes Cassianus (geboren um 360 n. Chr.), der durch Schriften über die Askese berühmt wurde, steht die »Gastrimargia«, also die Schlemmerei bis zur Völlerei, an erster Stelle seiner »acht Laster«. Gemeint sind bei diesen strengen Moralisten allerdings nicht nur Leute, die jedes Maß überschreiten, sondern auch schon diejenigen, »für die das Essen zum Selbstzweck wird«, genährt von »Raffinessen, die den Gaumen kitzeln, obwohl der Magen längst genug hat« – wie die Theologin Gertrude Sartory es in einem Aufsatz über das Fasten im frühen Christentum zusammenfasste. »Wüstenmutter« Anne Synkletika hat ausgeführt, dass bei den »Weltleuten« die »Kochkunst in Ehren steht«, man aber »durch Fasten und einfache Speise […] dem Überfluss ihrer Nahrung überlegen ist«. Dort steht dann »am Anfang des spirituellen Weges der Kampf gegen die Essgier«.

Der Geistliche und Lehrer für Theologische Ethik mit Schwerpunkt Medizinethik an der Universität Wien, Professor Dr. Dr. Matthias Beck, benutzt ebenfalls nicht den Begriff »Todsünde«, sondern »Wurzelsünde«. Auf der Website des Erzbistums Wien schreibt er zur Wurzelsünde Völlerei:

»Dabei geht es eigentlich um die Maßlosigkeit als Gegensatz zur ›Tugend des Maßhaltens‹. Maß heißt nicht Mittelmaß, sondern

Maß meint die rechte Mitte zwischen zwei Extremen. In Bezug auf das Essen reicht das von der Magersucht – die bis zum Tod führen kann – eben bis zur Völlerei, die meine Gesundheit genauso gefährdet. Ich esse, soviel ich nur kann – eben bis zur Völlerei, die meine Gesundheit genauso gefährdet. Ich esse, soviel ich nur kann, und wieviel ich wiege, ist mir egal. Mir schmeckt's, ich esse. Das wäre die richtige Tugend des Maßes der Mitte. Es geht bei all diesen Untugenden oder Wurzelsünden eben darum, dass der Mensch in die eine oder andere Richtung über das Ziel hinausschießt. Wobei man das Ziel nicht ganz genau definieren kann. Es geht nicht um ein Stück Torte – aber zwanzig Tortenstücke pro Tag sind zu viel. Es geht auch nicht um ein Glas Wein – aber jeden Tag drei Flaschen Wein sind zu viel. Es geht aus christlicher Sicht nicht darum, mir das gute Essen zu vermiesen, mir die Freude an der Sinnlichkeit zu vergällen, sondern um die Frage des Maßes. Und diese Frage kann sich nur jeder selbst beantworten.«

So etwas klingt dann schon wesentlich moderater und vor allem wesentlich zeitgenössischer. Die Kirche setzt keine harten Regeln, sondern bittet geradezu um vernünftiges Verhalten und Verständnis. Und was dann vernünftig ist, soll der Gläubige selbst bestimmen. Er hat da – und das ist fast ein wenig amüsant – die Wahl irgendwo zwischen einem und zwanzig Tortenstücken oder einem Glas Wein und drei Flaschen pro Tag. Aber: Ist das wirklich der Standpunkt der Theologie, wie sie sich etwa bei hohen christlichen Würdenträgern findet?

## Ein Gespräch mit Kardinal Meisner und Tendenzen bei Papst Franziskus

Ich hatte Kontakt zu Dr. Becker-Huberti, einem ehemaligen Pressesprecher des Erzbistums Köln. Er ist Theologe, hat aber auch ein starkes Interesse am Brauchtum. Es ging in dem Gespräch mit ihm um einen Text in der FAZ über die Fastenzeit, über die Bräuche zur

Fastenzeit, und vor allem auch darum, was Mönche in der Fastenzeit alles angestellt haben, um unter Beibehaltung der Fastenregeln – aber sehr kreativer Auslegung – gut zu essen. Das Gespräch ging weit über das ursprüngliche Thema hinaus. Irgendwann fragte ich dann, ob es vielleicht möglich wäre, auch einmal ein Gespräch mit dem damaligen Kardinal Meisner zu führen, und zwar explizit über Essen. Becker-Huberti fand das interessant, wies aber auch gleich darauf hin, dass der Kardinal zwar gerne esse, aber da auch so seine Probleme habe und vor allem kein Gourmet sei. Ich meinte, dass das kein Hinderungsgrund wäre. Wenig später erhielt ich einen Anruf und einen Termin.

Die Residenz des Kardinals liegt zwar nicht weit vom Dom entfernt mitten in der Innenstadt, ist aber ein wenig versteckt. Der Bau ist eher modern, sehr schlicht, mit einer gewissen dezent klösterlichen und durchaus auch hochwertigen Anmutung. Der Besprechungsraum war nahezu leer – nur mit ein paar Kunstwerken bestückt. Ich war auf die Minute pünktlich, der Kardinal ebenfalls. Anders als manche seiner Kollegen erschien er nicht im Anzug, sondern mit Soutane und wirkte von Beginn an zugewandt und konzentriert. Meine Hoffnung war, den Kardinal zu Aussagen zu bringen, die ein wenig Pro-Feinschmeckerei sind. Nicht Pro-Völlerei, nein, aber für den ganz feinen, sensiblen Umgang mit den Naturalien, was immer auch beinhaltet, dass man sich sehr intensiv mit der Sache beschäftigt, also relativ viel isst oder auch intensiv Weine degustiert. Mein Ansatz war, dass eine hohe Sensibilität gegenüber diesem Teil der Schöpfung diese doch optimal würdigt. Dieser Meinung bin ich immer gewesen und bin es auch heute noch. Eine maximale Sensibilität gegenüber der Natur und dem Essen – also auch den zubereiteten Gerichten – halte ich für die Lösung vieler Probleme, persönlicher wie gesellschaftlicher. Könnte der Kardinal so etwas schlecht finden? Und müsste er nicht sozusagen zugeben, dass ein feinschmeckerischer Zugang zum Essen auch aus der Sicht der Kirche viele gute Seiten hat?

Der Kardinal wies zunächst darauf hin, dass Kirche und Essen auf allen Ebenen eine enge Verbindung haben. Gott ist eben nicht nur Fleisch geworden, sondern auch Fleisch geblieben, und die Symbolik des Mahls ist eine fundamentale Symbolik des Christentums. Glückseligkeit ist das Hochzeitsmahl, und vom Tisch ausgeschlossen zu werden ist die Hölle. Der Mensch sei als kulturelles Wesen da aufgetaucht, wo man miteinander gegessen habe, und die Übertragung der Lebenskraft erfolgt über den Vater, der für das Essen arbeitet, und die Mutter, die es zubereitet. Sahen nicht – der Kardinal lockerte weiter auf – die Kirchen der Barockzeit »wie Produkte einer Konditorei« aus? Außerdem komme der Begriff der Weisheit (lateinisch: sapientia) von »recta sapere«, dem »richtigen Schmecken«. Ich lauschte gebannt und näherte mich langsam einem Zustand der Verzückung. War vielleicht doch zu hoffen, dass die Kirche da zumindest auf eine entwickelte Gourmandise mit Milde schaut? Der Kardinal zitierte dann die Bibel: »Der Mensch wird unrein nicht durch die Speise, sondern durch die Gesinnung.«

In dieser Logik ist dasjenige gut, das vor dem Horizont der christlichen Lehre dem Individuum selber oder dem anderen dient. Und weil wir die Verantwortung dafür tragen, dass alle Menschen satt werden, wird die Speise zum Mittel der Gemeinschaft mit Gott. Essen und Trinken sind also in letzter Konsequenz ein »sakraler Akt«. Ich fragte zurück: »Hat dann der italienische Theologe Massimo Salani recht, wenn er sagt, dass Fastfood ›kein katholisches Modell der Ernährung‹ sei«? Für den Kardinal war das keine Frage, weil das christliche Bild der Ernährung, ihrer Bedeutung und Funktion durch diese Form der Triebbefriedigung deutlich attackiert werde. Es gebe da klare Unterscheidungen zu machen. Für die Gourmandise bedeute eine Lösung vor allem das Bild des »alten« Schlemmertyps zu überwinden, also jene Tendenz zur gleichzeitigen körperlichen Über- wie geistigen Unterforderung. Andererseits, ergänzte Kardinal Meisner fast etwas salopp: »Wer nicht genießt, wird ungenießbar«, um sofort danach aus dem Römerbrief zu zitieren, wo »der Genuss um des Genusses willen« verworfen wird. Ich fragte nach, ob das denn auch für den Bereich gültig sei, wo man eine eher geistig-sensorisch-intellektuelle Hinwendung zu feinster Kochkunst praktiziere? Seine Antwort kam erst zögerlich, dann klar: Natürlich muss alles »in die Schöpfung eingebunden sein«, also auch in diesem Falle »dem richtigen Bewusstsein unterworfen werden. Vor allem aber darf der Genuss nicht Endzweck sein«.

Dabei blieb es dann mehr oder weniger. Der Kardinal probierte noch eine von den exzellenten belgischen Marcolini-Chocolats, die ich ihm mitgebracht hatte, und ließ mich mit einer Menge Überlegungen zurück.

Das Übermaß hat also aus dieser Sicht keine Chance. Es ist und bleibt eine Abwendung von allen Prinzipien der Kirche, es läuft immer Gefahr, einen Mittelpunkt da zu setzen, wo er nicht sein sollte, den Zusammenhang zwischen eigenem Verhalten und der Gesellschaft zu missachten und sich also von jedem verantwortungsbewussten Handeln zu entfernen. Leider konnte ich den Kardinal damals noch nicht ausführlich mit einer Wendung in der Kochkunst konfrontieren, die den »Genuss als Endzweck« ebenfalls verneint, sondern ihn in einen nachhaltigen, ökologischen Zusammenhang stellt. Oder: Wenn Spitzenköche wie zum Beispiel der Italiener Massimo Bottura in seinem »Refettorio« dafür sorgen, dass die besten Köche sich für eine Art Armenspeisung auf hohem Niveau engagieren, etwas von ihrem Können ohne Entgelt in den Dienst einer sozialen Sache stellen, müsste ihn das begeistert haben.

Ganz praktisch fiel mir wenig später in einer Kirche bei einem festlichen Ostergottesdienst wieder ein, dass Theorie und Praxis deutlich auseinanderklaffen: Die Kirche ist meist mit eher älteren Leuten gefüllt, die fast ausnahmslos die Folgen von übermäßiger Ernährung zeigen. Was würde passieren, wenn ein Priester in seiner Predigt nicht nur um Spenden für die Armen und Hungernden der Welt oder die Restaurierung der Kirche bitten, sondern explizit die Folgen von Überernährung anprangern würde? Ganz nach dem Motto: Mit dem, liebe Gemeinde, was Sie zu viel auf Ihren Hüften haben, könnte man jedes Jahr Tausende von Hungernden in der dritten Welt ernähren ...«? Wir brauchen nicht lange zu raten. Die Kirche würde noch leerer werden – wenn nicht gleich eine ganze Reihe von Leuten aufstehen und die Kirche verlassen würden.

Und dann überraschte im September 2020 eine Meldung aus dem Vatikan, nach der Papst Franziskus in einem Interview mit Slow-Food-Gründer Carlo Petrini etwas zu gutem Essen und Sex gesagt hat. Die offizielle Website www.kirche.de zitiert daraus: »Der Genuss des Essens ist dazu da, dich durch das Essen gesund zu halten, so wie der sexuelle Genuss dazu da ist, die Liebe schöner zu machen und den Fortbestand der Spezies zu garantieren.« Und weiter: »Das Vergnügen kommt direkt von Gott, es ist weder katholisch noch christlich noch irgendetwas anderes, es ist einfach göttlich.« Die Kirche habe zwar immer »unmenschliche, brutale, vulgäre Vergnügungen verurteilt, aber auf der anderen Seite hat sie immer menschliche, einfache, moralische Vergnügungen akzeptiert.« Der Pontifex räumte jedoch ein – so www.kirche.de weiter –, dass der Genuss in der Vergangenheit wohl zu Unrecht dem »Übereifer« der katholischen Kirche zum Opfer gefallen sei. Das sei jedoch »eine falsche Interpretation der christlichen Botschaft«, es gebe keinen Platz für eine »übereifrige Moral«, die den Genuss verwehrt. Derartige Ansichten »haben enormen Schaden verursacht, der in einigen Fällen auch heute noch stark spürbar ist«, fügte der Pontifex hinzu. »Die Freude am Essen und die sexuelle Lust kommen von Gott«, so Papst Franziskus.

Was sagt uns das? Der dezent an Köstlichkeiten nippende Gourmet scheint hier den Segen zu bekommen, ob aber das unkontrollierte Essen in einem suchtähnlichen Zustand ebenfalls unter diese neue kulinarische Freiheit fällt, kann daraus nicht entnommen werden. Ist die Völlerei vielleicht so etwas wie ein unmenschliches, vulgäres Vergnügen? Und wenn ja, wo liegen ihre Grenzen?

## Die Fastenzeit als Wiege der kreativen Küche

Es gibt zum Verhältnis von Kirche und Essen noch einen wichtigen und irgendwie auch amüsanten Punkt, den ich hier unbedingt kurz erwähnen möchte: Den Gourmets gilt heute die Art und Weise, wie sich vor allem Mönche im Mittelalter Genuss trotz vorhandener Gebote und Verbote gesichert haben, als Vorläufer der kreativen Gourmetküche. Ausgangspunkt waren die Fastengebote, insbesondere das Fleischverbot in den Fastenzeiten. Und weil die Mönche eher keinen Hunger litten und und sie einem guten Essen nicht abgeneigt waren, hatten sie Probleme mit der Akzeptanz solcher Verbote. Aber – wie sagt man so schön – Not macht erfinderisch! Sie führte zu Überlegungen, wie die Verbote eingehalten werden und gleichzeitig umgangen werden könnten. Die Ergebnisse dieser kreativen Aktivitäten sind erstaunlich, bisweilen fast dreist:

Vor allem in der ersten Hälfte des letzten Jahrtausends begannen die »Abweichungen« zuerst mit einer fantasievollen Abwandlung von fleischlosen Speisen durch viele Gewürze und Kräuter sowie eine intensivere Beschäftigung mit den nicht verbotenen Süßspeisen. Zur Abweichung gehörte auch, dass man Fische wie Fleisch gestaltete (sie zum Beispiel zu Pasteten formte) und das Ganze wie Fleisch würzte. Diese Praktik kennen wir heute ebenfalls: Es gibt ein zunehmendes Angebot von industriellen Produkten wie Würste und Hamburger, die wie Fleisch schmecken, aber vegan oder vegetarisch sind. Neben Fleisch waren bei den Mönchen auch Eier lange verboten, was dazu führte, dass man sie mithilfe von Mandeln und Hechtrogen »nachbaute«. Die Mönche gingen noch etwas weiter und kamen mit Dingen wie püriertem Fleisch, das in Fischform gepresst wurde, durchaus in den Bereich der Betrügereien, die nicht im Sinne der Verbote waren. Den bizarren Höhepunkt bildet die Geschichte von einem Abt (die seinerzeit in der Schwankliteratur gerne unters Volk gebracht wurde), der kraft seines Amtes ein Spanferkel zu einem Karpfen umtaufte.

Im Prinzip sind wir von solchen (Selbst-)Betrügereien nicht wirklich weit entfernt. In einem Text in der FAZ, in dem ich mich mit dem Fasten beschäftigt habe, habe ich einmal in die Speisekarten einiger unserer damals berühmten Restaurants geschaut. Für den Aschermittwoch bot etwa Heinz Winkler, der legendäre Koch von der »Residenz Heinz Winkler« in Aschau seinen berühmten »Lachs im Blätterteig« an. Dieser Klassiker schmeckt so gut und fein, dass ich mir nicht vorstellen kann, dass auch nur irgendeiner der Gäste bei dessen Verzehr an den Sinn und Zweck des Aschermittwochs gedacht hat. Harald Wohlfahrt von der »Schwarzwaldstube« in Baiersbronn, die damalige Nummer eins unter den deutschen Köchen, hatte »Sellerieschaum mit einer Rosette von Perigordtrüffeln« oder »Auberginencompott auf provencalischem Gemüse und Koriandersauce« im Angebot. Ein göttlicher Genuss ist man versucht zu sagen. Und im Münchner Hofbräuhaus gab es das traditionelle Fischessen im Festsaal, für 600 Leute, immer ausgebucht. »Mit Musik, aber ohne Tanz«, und »lustig wird es trotzdem« versicherte man auf der Einladung. Man hat heutzutage kaum noch kirchliche Fastentage, genau genommen seit 1966 nur noch zwei »Fasten- und Abstinenztage« (also ohne Fleisch), den Karfreitag und den Aschermittwoch. Wenn man die dann auch noch nutzt, um sie zu einer Art kulinarischem Höhepunkt zu machen (wie das eben Spitzenrestaurants tun), ist die gedankliche Nähe zu den tricksenden Mönchen des Mittelalters ziemlich groß.

# Essgewohnheiten im Wandel der Zeiten

Viel oder zu viel zu essen hat eine lange Geschichte, die in vielen Jahrhunderten überwiegend etwas mit den Bevölkerungsschichten zu tun hatte, die sich ein üppiges Essen leisten konnten. Die für uns oft unvorstellbaren Mengen wurden gerne auch noch mit einem breiten Strauß an Delikatessen ergänzt. Aber auch die nicht so wohlhabenden Stände und selbst die Mönche waren einem Essen, das nicht nur von Hunger gesteuert ist, nicht abgeneigt.

Werfen wir einen Blick in die Geschichte:

## In der Antike

Andrew Dalby und Sally Grainger berichten in ihrem Buch »Küchengeheimnisse der Antike« vom Tagesablauf der vermögenden **Griechen im 4. Jahrhundert vor Christus**:

»Die vermögenden Griechen […] begannen ihre tägliche Hauptmahlzeit am frühen Abend; die Zecherei und die Gespräche mochten freilich die ganze Nacht andauern […]. Weizen- und Gerstenbrote wurden in Körben aufgetragen und die verschiedenen Platten des Hauptgangs jedem Gast von einem Diener in genauer Reihenfolge vorgelegt, damit er sich ein Stückchen nehme: Zunächst appetitanregende Vorspeisen, darunter frisches Obst, Meeresfrüchte, gebratenen Vögel, gesalzener Stör, Thunfisch- und Fleischdelikatessen in stark gewürzten Soßen. Dann feine frische Fischgerichte, und der Höhepunkt war vielleicht geschmortes oder am Spieß gebratenes Lamm oder Zicklein. Nach dem Hauptgang wurden die Tische […] beiseitegeräumt und saubere aufgestellt für die Nachspeisen: Kuchen, Zuckerwerk, Käse, getrocknete Früchte und Nüsse« (ebd., S. 11 und 12).

Dalby und Grainger zitieren auch den berühmten römischen Feinschmecker und Autor eines der frühesten Kochbücher (»De re coquinaria«), **Marcus Gavius Apicius**, der nicht nur von ausschweifenden Gelagen und großen Mengen an Köstlichkeiten berichtet. Er berichtete auch von:

»Zweifelhaften Delikatessen wie Lerchenzungen, die Gebärmütter sterilisierter Schweine und Haselmäuse; eine Überfülle von Vögeln wie Grasmücke, Papageien, Turteltauben, Pfauen und Flamingos; Meeresfrüchte wie Seeigel, Tümmler und Quallen […] (ebd., S. 16).

Bekannt geworden sind antike Essgewohnheiten bei uns – das muss man wahrscheinlich selbstkritisch so sehen – nicht unbedingt durch ein gesteigertes historisches Interesse, sondern vor allem durch die Asterixbände. Da wird zum Beispiel in dem Band »**Asterix bei den Belgiern**« quasi ununterbrochen gegessen. Auf den Tischen türmt sich das Essen, und alles, was die Belgier im Kopf haben, scheint unmittelbar mit Essen zu tun zu haben. Da fühlen sich die Gallier wie Seelenverwandte, die sich sofort mit den Belgiern bestens verstehen. Wie sagt es Kantineken, die Frau des Häuptlings der Belgier:

»Nun ja, ich hätte da ein paar Wildschweine, etwas Leberpastete und Cervisia … ihr könnt auch noch ein paar Brote streichen … es ist halt nicht viel!« Und dann kommt das nächste Bild mit einem riesigen Tisch voller Wildschweine, Berge von Würsten, Schinken und Brot (ebd., S. 21).

Natürlich ist das ein Spiel mit Klischees. Aber: Gehen Sie einmal in Belgien in eine ganz normale Brasserie, deren Angebot nicht für die Touristen verschlankt wurde, dort werden Sie fündig. Ich erinnere mich, dass ich einmal in Lüttich leichtsinnigerweise von den »Boulettes Liègoise« zwei Stück bestellt habe (man konnte von der Karte eine oder zwei bestellen). Geliefert wurden zwei riesige Hackfleischkugeln, die gefühlt jede ein Pfund schwer waren. Dazu ein großer Salat- und Gemüseberg mit Unmengen Mayonnaise und eine große Portion belgischer Pommes frites. Das war beim besten Willen nicht zu schaffen. Sprich: In der traditionellen Gastronomie geht es in Belgien immer noch recht großzügig zu.

## Im Mittelalter

In einem Buch über **klösterliches Essen im Mittelalter** (Norman Foster und Sibylle Nabel-Foster: »Schlemmen hinter Klostermauern«) wird berichtet:

»[…] dass im französischen Cluny im zwölften Jahrhundert eine normale Mahlzeit mehr als 10.000 Kalorien enthielt, dass die Mönche neue »Fisch«-Sorten für den Fasttagstisch erfanden – Rohrvögel, Ringelgans, Otter und Biber sowie Schildkröte und ungeborene Kaninchen – oder dass der Heilige Thomas von Aquin, der wegen seines stattlichen Gewichts von 300 Pfund der »Bulle von Sizilien« genannt wurde, einen Tisch mit einem besonderen Ausschnitt für seinen Bauch brauchte« (ebd., Klappentext).

Achatz Freiherr von Müller berichtet in einem Aufsatz in »Speisen, Schlemmen, Fasten« von einem Essen, das im Jahre 1473 von einem Kardinal für zehn Gäste gegeben wurde – allesamt entweder aus der hohen Geistlichkeit oder Angehörige des Adels. Eine der Teilnehmerinnen hat die Speisenfolge aufgezeichnet. Hier ein Ausschnitt ihres Berichtes. Nachdem man schon allerlei Süßigkeiten vor dem eigentlichen Essen zu sich genommen hatte, ging es weiter:

»Aber nun serviert der Page eingemachte Quitten – zart und schon als Antipasto. Es folgen fünf Teller mit verschiedenem Fleisch: Kapaun, Ziege, Kalb, dazu Weißwein. Darauf wieder Kapaun, diesmal unter vergoldeten Granatäpfeln versteckt, sowie zehn Hähnchen, die mit Pfauenfedern dekoriert sind. Ihnen schließt sich ein gigantischer Fleischgang von Kälbern, Ochsen, Ziegen, Hühnern und Kapaunen an – die meisten Tiere in ihrem natürlichen Zustand mit Haut und Haar gekocht. Das Ganze de-

So sah Hieronymus Bosch die Völlerei im 16. Jahrhundert.

koriert mit Kalbsköpfen, Würsten und – Zuckerwerk. Damit nicht genug; sofort folgt ein weiterer Fleischgang. Auch er bietet eine Mischung aus zerlegten und unzerlegten Tieren: sechs Kälber, vier ganz Ziegen, Hähnchen, Kapaune, Kaninchen, ein Pfau in Kamillesauce [...]« (ebd., S. 86).

Wie die **Bauern im Mittelalter** lebten, ist nicht so detailreich überliefert. Während es beim Adel oder den Reichen – überliefert durch eine große Anzahl von Kochbüchern – so zuging, dass man eine Ähnlichkeit zur heutigen Gourmetküche nicht übersehen kann, schienen aber auch niedrigere soziale Schichten ihre Freude am Essen gehabt zu haben. Die Autorinnen Seifert und Sametschek kommen zu dem Schluss, dass »im Mittelalter [...] die Lebens- und Festesfreude keinen Standesunterschied (kannte). Adelige und Bauern liebten Essen und Trinken. Der Minnesänger Johannes Hadlaub preist in seinen ›Herbstliedern‹ den fetten, gut gewürzten Schweinebraten« (ebd., S. 36/37). Man hatte bei den einfacheren sozialen Schichten keinen Zugriff auf teure Produkte, machte sich aber mit dem, was man hatte, sehr viel Mühe. Die bäuerlichen Szenarien, wie wir sie in den Bildern von Pieter Bruegel dem Älteren finden, sind sicherlich komprimiert im Sinne einer Ansammlung typischer Szenen, die man nicht unbedingt überall auch so gefunden hat. Aber sie zeigen sehr deutlich, wie inbrünstig man den Genüssen zugeneigt war – zumindest, wenn es um Feiern aller Art ging. Wenn ich im Verlauf des Buches vom Komaessen rede, mag das Prinzip das gleiche sein, die Intensität im Vergleich zu den Bruegel-Szenarien jedoch eher milde. Dass nach Entbehrungen und einem Krieg das Essen eine ganz besondere Rolle spielte, galt auch für das **Ende des Dreißigjährigen Kriegs (1618–1648)**. Der Kulturhistoriker Peter Peter berichtet in seiner »Kulturgeschichte der deutschen Küche« von einem Friedensbankett, das die kaiserlichen und schwedischen Gesandten 1649 in Nürnberg gaben: »Fürsten und Generäle stärkten sich an vier Gängen à 150 Speisen«, heißt es da (S. 82). Ganz allgemein scheint die barocke Lebensfreude, das »Barocke«, das bis heute bisweilen als Begriff für Üppiges aller Art benutzt wird, im kulinarischen Bereich damals weit verbreitet gewesen zu sein. Alle Feste wurden in großen Dimensionen geplant und ausgeführt – was natürlich keine Rückschlüsse auf das zulässt, was wirklich Tag für Tag gegessen wurde. Immerhin zeigen viele Bilder aus jener Zeit vor allem häufig sehr wohlbeleibte Herren. Der preußische Soldatenkönig Friedrich Wilhelm I (1688–1740) hatte zwar das Land in den finanziellen Ruin getrieben, widmete sich aber ausführlich der Jagd und der Vermarktung von Unmengen von erlegtem Wild.

Von **Ludwig dem XIV. (1638–1715)** heißt es in der »Kulturgeschichte des Essens und Trinkens«, die der ehemalige Journalist und Restaurantkritiker Gert von Paczensky zusammen mit der Schriftstellerin Anne Dünnebier geschrieben hat:

»Nach vier Tellern Suppe, einem Fasan, einem Rebhuhn, einem großen Salat und einem Teller Irish Stew folgten zwei große Scheiben Schinken, mit Knoblauch zubereitetes Hammelfleisch mit Brühe, ein Teller voll Backwaren, außerdem Obst und harte Eier« (ebd., S. 89). Und weiter:

»Das war offenbar nichts gegen **Ludwig XVI.**, der erst einmal Huhn, Lamm, Eier, Schinken und anderthalb Flaschen Wein verdrückte, eher er zur Jagd aufbrach, ohne dass es ihm den Appetit für die eigentliche Hauptmahlzeit des Tages verschlagen hätte« (ebd., S. 89).

In einem Kapitel mit der Überschrift »Die Verfressenen« kommt auch der legendäre Reichskanzler **Bismarck (1815–1898)** vor:

»Natürlich wird Deutschen in der Schule nicht beigebracht, dass Bismarck sich geradezu kabarettreif ernährte. Sein Leibarzt erzählte, Bismarck habe manchmal zum Frühstück bis zu 16 Eier gegessen« (ebd., S. 88).

## Im 19. Jahrhundert

Im Grunde brachte das **19. Jahrhundert** mit dem Erstarken des Bürgertums erst einmal etwas mehr Vernunft und soziale Kontrolle mit sich, dabei aber nicht unbedingt eine bessere Versorgung der Bevölkerung. Von der Möglichkeit einer übermäßigen Nahrungsaufnahme, die heute jedem Bürger in unseren Breitengraden möglich ist, war man damals weit entfernt. Sybil Gräfin Schönfeldt berichtet in ihrem Buch »Bei Fontane zu Tisch« etwas zum Tageslauf der Mahlzeiten:

»Auf dem Lande wurde nach wie vor die Frühkost vorm Melken und vor der Feldarbeit gekocht. Das war der Morgenbrei. Die Arbeiter und Arbeiterinnen in der Stadt tranken ebenso früh den Zichorienkaffee, dazu ein Stück Brot, entweder in den Kaffee gebrockt oder dazu gegessen. Sie versuchten, mit einer Schrippe oder einem Knust Brot über den Tag zu kommen, und abends, nach der

Essen im Übermaß war im 19. Jahrhundert nur bestimmten Schichten vorbehalten.

Arbeit, gab es Kartoffeln und Hering oder Leinöl. Oder Sauerkraut mit Stampfkartoffeln. Auf dem Lande war das zweite Frühstück gegen acht oder neun Uhr meist das erste der Familie. Mittagessen gab es nach dem Zwölf-Uhr-Läuten, und Abendessen kam [...] um sieben auf den Tisch« (ebd, S. 85/86).

Ein bizarres Essen auf Vorrat (auch heute durchaus Praxis), verzeichneten Missionare bei **Südwestafrikanern im 19. Jahrhundert**: »Ein ganz anderes Fassungsvermögen bestaunten europäische Zeugen bei Südwestafrikanern, die lange Hungerpausen durch gewaltige Mahlzeiten ausglichen, wenn ihnen entsprechende Beute gelang.«

## Zur Nachkriegszeit in Deutschland

Bei uns in Deutschland brachten der **Zweite Weltkrieg** und die **Nachkriegszeit** einen großen Einschnitt unter anderem in das Essverhalten, dessen Folgen uns bis heute noch beschäftigen. Das

Klischee von den »verfressenen« Nachkriegs-Wohlstandsbürgern ist etwas, das ich aus eigener Anschauung mitbekommen habe. Wir haben im stark vom Krieg betroffenen Ruhrgebiet, in Duisburg-Bruckhausen, gewohnt, im Schatten der Thyssen-Hütte. Das Essen war zu Beginn der 1950er-Jahre sehr einfach, was auch am Warenangebot lag. Das Lebensmittelgeschäft schräg gegenüber hatte noch sehr viele Produkte, die lose verkauft wurden, Gemüse und Kartoffeln kaufte man in einem Laden, der nur aus einem Raum bestand, in dem die Kartoffeln auf den Boden aufgeschüttet waren. Gemüse lag in Kisten, Theken, irgendeine Form von Ladeneinrichtung gab es nicht. Zu diesem frühen Zeitpunkt sah mein Vater noch schlank und im Prinzip so aus, wie er sich als Offizier hatte fotografieren lassen. Das änderte sich mit der Stabilisierung der Verhältnisse, mit mehr Einkommen und einem immer umfangreicher werdenden Warenangebot beträchtlich. Alle Welt nahm gewaltig zu und fing wieder an zu feiern. Während die Kinder noch weitgehend schlank bis dünn waren (aus heutiger Sicht), legten die Erwachsenen mächtig zu. Es gibt hässliche Bilder aus den 1950er-Jahren mit Leuten, die beim Essen von Eisbein und Co. so abgelichtet wurden, dass es wirklich nicht gut aussah. Solche Bilder wurden dann später benutzt, um die 50er-Jahre in ein schlechtes Licht zu setzen. Heute schauen wir eher milde darauf: Nachholbedarf ist immer sehr verständlich. Nur – der ein oder andere (oder eigentlich ziemliche viele) haben daraus dann leider ein wenig viel Lebensphilosophie gemacht.

## Und heute?

Ältere Menschen scheinen heutzutage immer noch in vielerlei Hinsicht von dieser Zeit beeinflusst. Zusammen mit dem festen Glauben, man sei persönlich für den Wiederaufbau der Republik verantwortlich, belohnt man sich vor allem durch Konsum und gutes – also reichliches – Essen. Es gibt nicht nur die Bilder vom

»stattlichen« Herrn und den zunehmend dicker werdenden Damen, sondern auch Angewohnheiten, die sich auf die Kinder übertragen haben. Wenn man nach den Ursachen für das Komaessen sucht, wird man hier zum Beispiel fündig. Essen um des Essens willen, vom Kopf gesteuert, nicht von einem Organismus, der sagt, es ist zu viel. Es wurde nicht nur nach alter Hausfrauenmoral gegessen, was auf den Tisch kam, und zwar so, dass der Teller komplett leer war, sondern gerne auch eine zweite oder dritte Portion genommen. Das hatte (und hat bis heute) Folgen: Wenn die Forschung sagt, dass man einmal vermehrte Fettzellen sein Leben lang mit sich »herumschleppt«, ist in den 1950er- und 60er-Jahren viel falsch gemacht worden.

Eine Sonderform war wohl auch das vermehrte, sehr weit verbreitete Kaffeetrinken im Stile einer vergangenen bürgerlichen Gesellschaft mit Kaffee, Kuchen und nicht selten damals auch Zigaretten. Niemand brauchte diese Kalorien, aber man hat sogar noch eine weitere Mahlzeit im Tageslauf erfunden.

Die völlige Freiheit, was die Menge der Nahrungsaufnahme angeht, gibt es noch gar nicht so lange. Waren in früheren Zeiten eher Wohlhabende in der Lage, regelmäßig zu essen, gab und gibt es mit der radikalen Industrialisierung und Verbilligung von kalorienreichem Essen und der Erfindung von Fast Food und Discountern die Möglichkeit, jederzeit für wenig Geld (zu) viel zu essen und die Vorteile der Lustbefriedigung und Belohnung durch Essen beliebig verfügbar zu machen.

Legendär sind immer wieder die Berichte über große Portionen und große Menüs – gerne verknüpft mit einem gewissen Wohlwollen: Man fand das einfach gut, wenn irgendwo in einem Ferienhotel riesige Portionen aufgetischt wurden. Manchmal wird über große Essen so geredet wie über Heldentaten, und viele Menschen haben einen Vorrat an Geschichten, die sie in diesem Zusammenhang zum Besten geben können. Legendär sind auch immer wieder Berichte über die Größe der Steaks und Hamburger, die anscheinend – wie grundsätzlich ein weit über das normale Maß hinausgehendes Essen – vor allem auch für einen Teil der Mittelschicht in den USA von größtem Interesse sind. Das weltweit bekannte Buch »Guinness World Records« führt natürlich auch entsprechende Bestleistungen und Bestzeiten:

»Bananen: Acht, geschält und gegessen in 60 Sekunden von Patrick »Deep Dish« Bertoletti am 14. Jan. 2012.«

»Hamburger: Vier (mittlere) in 60 Sekunden von Peter Czerwinski am 10. Juli 2013.«

»Eine Pizza (30 cm): 23,62 Sekunden mit Besteck von Kelvin Medina am 12. April 2015.«

Und wie üblich schwappen solche Interessen – wenn auch mit einem leichten Zeitverzug – über den Atlantik zu uns. Einen schönen Höhepunkt dieser Aufzählungen bildet sicherlich das »XXXXL – Restaurant Waldgeist« in Hofheim bei Frankfurt. Man hat sich dort zum Ziel gesetzt, die »richtig großen Portionen« anzubieten. Das Restaurant erfreut sich reger Nachfrage. Auf der Website (www.derwaldgeist.de) gibt es einige Bilder, mit deren Hilfe man sich das ganze Ausmaß des Angebots vor Augen führen kann. Vielleicht reicht aber auch die Beschreibung einiger Fakten:

Die Currywurst hat ein Gewicht von 600 Gramm. Alle XXXXXL-Burger haben einen Durchmesser von ca. 30 Zentimetern. Es gibt eine »Julius Eiweißschockplatte« mit sage und schreibe 85 Gambas – allerdings zu einem Preis von 102,40 Euro. Der »Backfisch-Bösch« besteht aus zwölf Stück Backfisch zum Preis von 49,40 Euro (alle Preise Stand Sommer 2022). Und natürlich gibt es auch die Getränke im passenden Format, etwa Cola und Bier in 2-Liter-Gebinden, den lokalen Äppelwoi in Bembel zu 2 bis 8 Litern. Na dann – ist man geneigt zu sagen – Prost und sehr, sehr guten Appetit!

# Ein Blick in die Psychologie und die Medizin

## Völlerei als Problem

Der Begriff Völlerei als solcher kommt im medizinischen oder psychologischen Bereich eher selten vor, obwohl man das Phänomen der Überernährung und/oder Fehlernährung längst als schwerwiegendes Problem erkannt hat. »Völlerei« hat als kirchlicher Begriff für eine Sünde bereits einen erheblichen negativen Beigeschmack und kritisiert ein bestimmtes Verhalten. Auch Begriffe wie »Gefräßigkeit«, »Maßlosigkeit«, »Unmäßigkeit« oder »Selbstsucht« gehören in diese Kategorie. Sie sind wissenschaftlich nicht relevant. Der neutralere Begriff ist der der Überernährung oder Fehlernährung. Beide Begriffe setzen Prämissen – entweder, indem sie ein Maß für eine Ernährung definieren, die nicht übermäßig ist, oder eben das Maß für eine gesunde Ernährung, bei der die zugeführten Lebensmittel in einem ausgewogenen Verhältnis stehen. Man muss dies so genau bedenken, weil es längst Tendenzen gibt, Übergewicht als normal zu definieren, also das Maß für Gewicht und Übergewicht neu zu definieren. Dennoch kann man das, was mit »Völlerei« zu tun hat, unter verschiedenen wissenschaftlichen Aspekten beleuchten. Zentrale Begriffe sind dort »übermäßiges Essen« und »Adipositas« – so auch die Überschrift in dem Standardwerk »Die Psychologie des Essens und Trinkens« der amerikanischen Psychologin Alexandra W. Logue.

## Was sagt die Psychologie dazu?

Die Autorin möchte beweisen, dass »übermäßiges Essen und Adipositas einander nicht unbedingt zur Voraussetzung haben müssen«. Logue, die in dem Kapitel über »Übermäßiges Essen und Adipositas« den Stand der Forschung referiert, führt weiter aus:

Gepflegte Völlerei

»In allen westlichen Industrienationen tritt Adipositas wesentlich häufiger bei Frauen in den unteren als in den höheren sozialen Schichten auf. In den Entwicklungsländern dagegen sind Männer, Frauen und Kinder umso häufiger adipös, je höher ihr sozio-ökonomischer Status ist.« Solche und ähnliche Forschungsergebnisse scheinen also viele vorhandenen Klischees zu bestätigen. Andererseits waren zwei bei Logue zitierte Forscher »erstaunt darüber, wie wenig klare und übereinstimmende Unterschiede im Essverhalten zwischen normalgewichtigen und adipösen Menschen gefunden worden waren«.

Ein offensichtlicher Auslöser für übermäßiges Essen ist Stress, etwa wenn »adipöse College-Studentinnen während Prüfungszeiten […] mehr aßen, während normalgewichtige Versuchspersonen in diesen Zeiten weniger aßen«. Bei den »Ursachen für übermäßiges Essen und Adipositas« steht es zunächst »außer Frage, dass übergewichtige Eltern oft übergewichtige Kinder haben.« Das wiederum führt zu der Frage: »Wieviel dieser Übereinstimmung zwischen Eltern und Nachkommen ist auf Ess- und Bewegungsgewohnheiten […] und wieviel ist auf von den Eltern auf die Kinder übertragene Gene zurückzuführen?«

Die Klärung dieser Frage würde einen großen Unterschied zwischen vorwerfbarem und nicht vorwerfbarem Verhalten machen. Es gibt auf alle Fälle »eine genetische Komponente bei der Entstehung von Adipositas«, was wiederum zeigt, dass »eine genetische Komponente noch keine vollständige genetische Determination« bedeutet. In meiner Familie (ich habe noch vier Geschwister) komme ich zum Beispiel deutlicher in Richtung meines Vaters, der immer die Neigung zu Übergewicht hatte. Mein älterer Bruder dagegen hat etwas mehr von der schlankeren mütterlichen Linie. Hinsichtlich der Genetik und hinsichtlich einer Vermehrung von Fettzellen, die wiederum dafür verantwortlich sind, dass man mehr Hunger empfinden kann, gibt es für zu Übergewicht neigende Menschen eine sehr wenig zuversichtlich klingende Erkenntnis: Menschen, »die zu irgendeiner Zeit ihres Lebens übergewichtig waren, ob sie es nun derzeit sind oder nicht«, haben »eine relativ größere Anzahl von Fettzellen. Diese Menschen müssen deshalb einen ständigen Kampf führen, wenn sie weniger essen möchten, als zur Aufrechterhaltung ihres maximal erreichten Gewichts notwendig ist.«

Zu den Essgewohnheiten von meiner Frau und mir habe ich immer gesagt: Wenn sie und ich die gleiche Menge essen, nehme ich zu und meine Frau ab. Das ist laut Logue ganz klar. Der Energieverbrauch eines Menschen hat vor allem mit drei Bereichen zu tun: dem »Grundumsatz«, »dem Aufwand für körperliche Betätigung« und dem »Aufwand für Wärmebildung«. Und weil Menschen genetisch bedingt bezogen auf das gleiche Gewicht einen größeren oder kleineren Grundumsatz haben, kann der Energieverbrauch deutlich unterschiedlich sein. Meine Frau ist zum Beispiel – so mein Eindruck – immer deutlich wärmer als ich, friert aber auch schneller. Da im Zusammenhang mit dem Energieverbrauch durch Bewegung viele Untersuchungen gezeigt haben, dass »adipöse Menschen im Durchschnitt weniger aktiv sind als nicht-adipöse«, klingt dann wieder nach Gemeinplatz.

Man muss immer wieder darüber schmunzeln, dass in der Psychologie auch bei der Untersuchung von Essverhalten gerne Experimente mit Ratten zitiert werden. Aber: Sind es wirklich nur die Ratten, die »wenn große Mengen besonders gut schmeckender Nahrungsmittel vorhanden sind, zu viel essen und adipös werden«? In diesem und ähnlichen Punkten geht es vor allem um die mehr oder weniger starke Abhängigkeit des Menschen von »Außenreizen«. Dazu gehört auch, dass sich adipöse Menschen eher weniger gerne Arbeit mit dem Vorgang des Essens machen. Untersucht hat man das zum Beispiel in einem japanischen Restaurant, wo »22 Prozent der Nicht-Adipösen, aber nur fünf Prozent der Adipösen mit Stäbchen aßen.« Essen steht auf dem Tisch – und die außenreizgesteuerten Adipösen müssen sofort zur Sache kommen. »Dies wiederum steigert den Hunger und die Wahrscheinlichkeit, dass aufgenommene Nahrung als Fett gespeichert wird«, schreibt Frau Logue. Und wenn dann Adipöse einmal richtig motiviert sind, gilt, dass »adipöse Menschen dazu neigen, größere Mengen von besonders gut schmeckenden Speisen zu essen als nicht-adipöse«.

Für das Erlernen des Essverhaltens wird angenommen, dass eine frühkindliche Nahrungsaufnahme, die etwas mit Belohnung oder dem Versuch der Ruhigstellung zu tun hatte, nicht folgenlos bleibt. »Auf diese Weise lernt das Kind [...], Nahrung zur Befriedigung vieler Bedürfnisse, statt nur des Hungers zu verwenden, was zu Adipositas führen kann.« Ebenfalls mit Lernen hat es zu tun, wenn Adipöse dazu neigen, sozusagen auf Vorrat zu essen: Man hat in einem Experiment den Versuchspersonen mitgeteilt, dass es erst zu einem bestimmten späteren Zeitpunkt wieder Essen geben würde. Die Nicht-Adipösen aßen daraufhin normal, die Adipösen aßen besonders viel, damit sie einen Vorrat hätten. Und – last but not least – es beeinflusst andere Menschen, was man isst. »Es wird deutlich, dass die Menge, die gegessen wird, durch die An- oder Abwesenheit anderer beeinflusst werden kann.« Dazu fällt mir ein Studienergebnis der Universität Arnheim ein, die zur Untersuchung verschiedener Formen des Essverhaltens ihre Mensa/Kantine mit Kameras ausgerüstet haben (man wird natürlich darüber informiert und muss zustimmen…). Es hat sich zum Beispiel gezeigt, dass eine Gruppe von Studentinnen sehr viel mehr aß, wenn sie unter sich war. Waren Männer dabei, nippten sie oft nur am Essen.

Halten wir fest: Wir sind zu einem großen Teil in komplexe Vorgänge verstrickt, ob wir wollen oder nicht – ist man geneigt zu sagen. Exakt die Klärung dieser Frage ist aber wichtig, wenn es darum geht, Adipositas als Krankheit einzustufen oder überhaupt darüber nachzudenken, ob die übermäßig essenden, zu Völlerei neigenden Menschen ein Verschulden an den Folgen ihres Verhaltens trifft.

## Adipositas: Krankheit oder Folge eines Verhaltens?

Es ist klar, dass sich ein erhebliches Übergewicht gesundheitlich negativ auswirkt, und das in vielen Bereichen, von den inneren Organen und dem Blutkreislauf bis zu vielfältigen Überlastungen des Bewegungsapparates. Wenn sich jemand also in diesen Zustand hineingegessen hat, gilt er als krank oder zumindest vielfach gefährdet. Die Frage, die sich im Zusammenhang mit Adipositas allerdings stellt, ist die einer Art Verschiebung der Schuldfrage – ein wenig so, wie wir das vom Alkoholismus her kennen. Die Aussage: »Ich habe Adipositas« wird bisweilen so genutzt, als habe man sich irgendwo unverschuldet eine Corona-Infektion eingehandelt, wäre also am Zustandekommen dieses Krankheitsbildes nicht wirklich beteiligt. Man ist Opfer und nicht Täter. »Ich bin Alkoholiker, da kann ich nichts machen, ich muss behandelt werden.« Jedoch: »Völlerei« ist ein Verhalten, »Adipositas« ein Zustand/ein Krankheitsbild, das sich unter Umständen aus diesem Verhalten ergeben hat.

Auf der Website der deutschen Adipositas-Gesellschaft (www.adipositas-gesellschaft.de) wird Adipositas technisch-pragmatisch definiert:

»Adipositas ist definiert als eine über das Normalmaß hinausgehende Vermehrung des Körperfetts. Berechnungsgrundlage für die Gewichtsklassifizierung ist der Körpermasseindex, der sogenannte Body Mass Index (BMI). Der BMI ist der Quotient aus Gewicht und Körpergröße zum Quadrat.«

Wenig später geht es unter der Überschrift »Eigenständige Krankheit oder Risikofaktor für Folgeerkrankungen?« um Details der Einschätzung:

»Die Frage, ob Adipositas als eigenständige Krankheit oder allein als Risikofaktor für Folgeerkrankungen zu werten ist, ist umstritten. Adipositas ist daher im deutschen Gesundheitssystem nicht als Krankheit anerkannt. Allerdings können auch ohne Folgeerkrankungen bereits erhebliche Einschränkungen im Alltag und starker subjektiver Leidensdruck bestehen. Daher wird Adipositas von vielen Institutionen mittlerweile als Krankheit gesehen. Die WHO charakterisiert in ihrem Grundsatzpapier aus dem Jahr 2000 die Adipositas als Krankheit (WHO 2000). Das Bundessozialgericht sprach in einem Urteil vom 19.2.2003 vom »Vorliegen einer Krankheit im krankenversicherungsrechtlichen Sinne« (BSGE 59, 119 (121)), und das Europäische Parlament hat in einer Resolution vom 12.2.2006 die Mitgliedsstaaten aufgefordert, Fettleibigkeit offiziell als chronische Krankheit anzuerkennen (WHO 2006).

Je mehr man den Krankheitsaspekt betont, desto weniger geht es um die individuelle Schuldfrage, desto weniger handelt es sich – um im kirchlichen Bild zu bleiben – um eine Sünde, ein individuelles Fehlverhalten. Die Tendenz, die Verantwortung für das eigene Verhalten abzutreten, gibt es auch an einem anderen Punkt, nämlich rund um den Begriff »Fehlernährung«. In einem von Gesamtschülern verfassten Text der Rheinischen Post vom 13. Juli 2021 mit der Überschrift »Jugend leidet unter Übergewicht«, heißt es:

»Grund [Anmerkung des Autors: für Übergewicht und Fehlernährung] hierfür ist oft eine schlechte Ernährung. Denn gesund zu essen, ist heute gar nicht mehr so einfach. In vielen Lebensmitteln und Fertiggerichten finden sich nämlich immer häufiger unnötige Zusatzstoffe wie Zucker und Salz sowie etliche Konservierungsstoffe, die schnell zu einer Gewichtszunahme führen können. Hierzu kommt, dass in der Werbung immer häufiger auch ungesunde Lebensmittel angepriesen werden.«

Dieser Text ist typisch für Gedankengänge vieler (und nicht nur jüngerer) Leute, die sich in der Rolle der Opfer sehen. Und Opfer sind – wie die Kranken – nicht wirklich für ihren Zustand verantwortlich.

Ganz anders klingt es da in einem Interview auf der Website der Erzdiözese Wien, die sich explizit mit dem Begriff »Völlerei« befasst, geführt mit der Psychotherapeutin Eva Maria Berger, die in Wien im »Barmherzige Schwestern Krankenhaus« im »Adipositas-Zentrum mit sehr breitem Therapieangebot« in der »Coping School« arbeitet, einem »Programm für Menschen mit krankhaftem Übergewicht«. Auf die Frage, »wo die Grenze zwischen ›sich gehen lassen‹ und einem medizinischen Krankheitsbild liegt«, antwortet sie:

»›Sich gehen lassen‹ ist eine Bewertung, die ich als Therapeutin nicht vornehme. Es geht ganz oft um das Füllen einer Leere, es geht um einen falschen Umgang mit Emotionen. In erster Linie darum, dass man vielleicht zu selten vernünftig isst und sich zu wenig bewegt. Und das gilt im Kern wahrscheinlich für viele von uns. In Bezug auf die Völlerei geht es vor allem um die Erkrankungen Adipositas und Bulimie. Ich arbeite hier [...] mit adipösen Patienten auf psychosomatischer Ebene. Denn Übergewicht ist meist eine psychosomatische Erkrankung, weil sich dabei eine psychische Ursache körperlich auswirkt. Oft ist es eine ›Binge-Eating-Störung‹ also Heißhungerattacken, die in den meisten Fällen emotionale Hintergründe haben. Das heißt, das Übergewicht ist eigentlich ein Symptom für eine Ursache, die in der Psyche begründet ist« (Anmerkung des Autors: »Binge« bedeutet im Englischen »Gelage«).

Und: »[...] für den dauerhaften Erfolg [macht] es Sinn, nach den Ursachen zu suchen. Woher kommt die Gier nach viel Essen, was steckt hinter diesem Nicht-Sattwerden-Können, dass Menschen Hunger und Sättigung oft überhaupt nicht wahrnehmen können? Die Menschen haben oft schwere gesundheitliche Probleme – das reicht von Reflux, Diabetes, Bluthochdruck bis zur Entgleisung der Blutfette und Realitätsverlust. Ja, man kann sich mit Essen selbst zerstören.«

Die Mechanismen sind also bekannt, eine etwaige Verschuldensfrage nicht wirklich geklärt, und die Ursache, die hinter allem stecken könnte, wird nicht weiter diskutiert. Dabei zeigt uns die Analyse des ganz normalen »Ess-Wahnsinns« durchaus in aller Klarheit, wie viele Dinge funktionieren und wie sehr wir selber daran beteiligt sind. Der Blick auf das Individuum und die Gesellschaft erhellen unser aller Verstrickungen in das Thema einerseits recht radikal, andererseits aber auch mit der Hoffnung, über die Erkenntnis der vielen Probleme rund ums Essen zu einem neuen Essverhalten zu kommen, das uns einen großen Gewinn an Lebensqualität bringen kann.

# Völlerei und Individuum: die Mechanismen des Vielessens

## Wenn man fast nur noch ans Essen denkt

Es ist manchmal schwer nachzuvollziehen, welche »Daseinsvorsorge« manche Esser und vor allem Vielesser betreiben. Wir leben mitten in Europa und an jeder Ecke kann man irgendetwas zu essen kaufen – mittlerweile auch bis in den späten Abend und oft auch an Sonn- und Feiertagen. Und trotzdem treibt es Menschen vielfach den ganzen Tag um, was sie denn mittags oder abends essen sollen. Wir kennen das aus der Tierwelt, wo entweder geschlafen, auch gespielt, aber hauptsächlich sich um Nahrung gekümmert wird. Können Menschen tatsächlich ein ähnliches Verhalten zeigen, und was könnten die Gründe dafür sein?

Fahre ich mit dem Zug, nehme ich nie etwas zu essen mit – auch dann nicht, wenn die Fahrt mehrere Stunden dauert. Ich denke nicht daran, Essen zu brauchen, obwohl ich in einen Zug steige und bis auf den Bistro-Wagen (der, wie wir alle wissen, ja oft nicht so recht funktioniert) keine Quelle für Verpflegung an Bord ist. Dann beobachte ich staunend, dass für viele Leute eine Zugfahrt auch eine Art konditionierter Reiz sein kann, also in dieser Situation eine Art »Esszwang« ausgelöst wird. Das wiederum kenne ich zumindest ein klein wenig, wenn auch in einer etwas anderen Form. In unserer Familie war früher eine Zugfahrt etwas Besonderes, und wenn man mit dem Zug fuhr, nutzte man Nahrungsquellen wie Stände auf dem Bahnsteig, an denen es Bockwurst mit Senf und Brötchen gab. Bis heute plagen mich (und auch meinen vielreisenden älteren Bruder, einen Psychologieprofessor) solche konditionierten Reize: Kaum auf dem Bahnhof angekommen, wächst der Appetit auf Bockwurst. Das Gleiche gilt übrigens für diverse Sportveranstaltungen. Ich gehe zwar schon lange nicht

Von allem reichlich ist schnell zu viel.

mehr ins nahe Stadion von Borussia Mönchengladbach, würde aber damit rechnen, dass mich dort ein großer Appetit auf Bockwurst, Brot und Bier ereilt. Aber warum müssen sich offensichtlich so viele Leute bei einer Bahnfahrt, auf der sie so gut wie keine Kalorien verbrauchen, so umfassend mit Essen eindecken?

Ein »Höhepunkt« dieser Art von Daseinsfürsorge ist sicherlich eine Bekannte, die – sagen wir: etwas runder ist. Man könnte es auch so sagen: Um diesen Körper in dieser Form und mit diesem Gewicht zu (er-)halten, muss man schon eine Menge essen. Und das tut sie. Der Zusammenhang zwischen schwerem Übergewicht und der schieren Menge ihrer Kalorienaufnahme ist nicht zu übersehen. Vor allem aber isst sie außer Haus in den Arbeitspausen anscheinend mit einer geradezu strategischen Planung, was zu ganzen Taschen voller Frischhaltedosen und Fläschchen führt, sorgsam vorbereitet und dann komplett und mit viel Genuss verzehrt. Was andere Leute in einem Restaurant als mehrgängiges Menü essen, nimmt sie schon als zweites Frühstück zu sich. Ich war noch nicht dabei, aber man hat mir versichert, dass sie dies auch noch mit einer Inbrunst tut, die alle Umstehenden geradezu suchtartig finden. Die Planung und Vorbereitung der täglichen Überdosis muss bei ihr einen wesentlichen Teil des Tages einnehmen, schließlich muss dies ja auch noch alles eingekauft und vorbereitet werden.

Vermutlich kennen viele von uns ein ähnliches Verhalten. Wer immer höchsten Wert darauf legt, dass alles, was er gerne isst, in seinem Haus in größeren Mengen vorhanden ist, wird diese Vorräte auch nutzen. Man erzeugt ein eigenes Überangebot und provoziert dadurch ein Übermaß an Verzehr. Ich persönlich habe zum Beispiel die Angewohnheit, bestimmte Süßigkeiten, die im Haus sind, recht schnell zu »vernichten«. Solange sie im Haus sind, stellen sie für mich eine ständige Versuchung dar. Meine Frau ist da ganz anders. Sie kann Süßigkeiten sehr dosiert essen und gut mit einem Vorrat leben. Fehlt mir das Stoppschild vor der Tür zur Völlerei? Ist das Überangebot – auch in Form von selbst verantworteter Vorratshaltung – das Problem, bevor die Schwelle zur Völlerei überschritten wird?

Ein solches Verhalten scheint jedenfalls weit verbreitet zu sein. Natürlich gibt es Mittel und Wege, die dafür sorgen, dass man nicht gleich unter unstillbarem Heißhunger leidet, wenn man mal ein paar Minuten auf das Essen warten muss. Aber – geht es hier wirklich nur um Hunger und einen konditionierten Reiz, oder sind in diesem Zusammenhang längst Abhängigkeiten entstanden, die sich der Kontrolle weitgehend entziehen?

## Persönliche Beobachtungen: das »Komaessen«

Sie kennen vielleicht den Begriff des »Komasaufens«, der oft im Zusammenhang mit Jugendlichen benutzt wird, die Alkohol zu sich nehmen, bis nichts mehr geht, und die – meist bildlich, manchmal aber auch real – ins Koma fallen. Als ich vor einigen Jahren für eines meiner Bücher wieder einmal über das Essverhalten in Restaurants nachdachte, kam mir dieser Begriff in den Sinn. Ich fand, dass das Essverhalten vieler Leute vor allem in der gutbürgerlich genannten Gastronomie dem nicht unähnlich ist, und benutzte dafür den Ausdruck »Komaessen«, also essen, bis nichts mehr geht. Natürlich führt diese Art des Essens üblicherweise nicht zu neurologischen Ausfällen oder Vergiftungserscheinungen. Die Folgen sind eher mittel- bis langfristig. Aber – der Ansatz und das Verhalten sind sich ähnlich.

Als Erstes fällt mir da eine Szene in einem norddeutschen Restaurant ein, das für seine gute Regionalküche bekannt ist. Wir waren dort, um für einen Bericht in meiner Kolumne »Hier spricht der Gast« für die Frankfurter Allgemeine Sonntagszeitung zu essen. Abends ging es also in die vollbesetzte Gaststube. Mein Programm (also das, was ich üblicherweise für eine Kolumne in einem Restaurant esse) besteht grundsätzlich aus fünf Gerichten, die ich zusammen mit meiner Frau esse. Das bedeutet in der Regel für jeden von uns eine Vorspeise, ein Hauptgericht und als fünftes ein einzelnes Dessert. Auf diese Weise kann ich fünf Gerichte probieren, ohne zu viel essen zu müssen. Ich konnte an diesem Abend in diesem Restaurant rundum wieder sehr genau studieren, wie bei uns gegessen wird, und ich konnte es beurteilen, weil ich weitgehend ähnliche Portionen serviert bekommen habe wie alle anderen Gäste. Kurzum: Es war unfassbar, welche Mengen verzehrt wurden. Vor allem die Hauptgerichte wurden in einer unglaublichen Größe serviert. Alle Gäste haben an diesem Abend alles aufgegessen, ob sehr alt oder sehr jung, ob eher schlank oder eher dick. Und: Es waren einige dabei, die – wie wir – auch noch eine Vorspeise bestellt hatten. Ich erinnere mich, dass eine der Vorspeisen eine Labskaus-Portion war, die so groß war, dass man sie auch für vier Personen hätte servieren können. Bei uns läuteten sofort die Alarmglocken, weil wir fürchteten, nach dieser

Vorspeise keinerlei Hunger und schon gar keinen Appetit mehr zu haben. Wir probierten, schoben die Sachen etwas zusammen und erzeugten so ein Bild, als ob wir das Gericht weitgehend gegessen hätten. Am übernächsten Tisch hatten zwei Gäste ebenfalls Labskaus bestellt – allerdings jeder eine dieser Riesenportionen. Sie haben sie ohne Kommentar komplett gegessen. Und schon ging es weiter: Die Hauptgerichte waren wahre Berge, bei uns wie bei den Tischnachbarn. Wir kämpften, um wenigstens den Schein zu wahren, die anderen Gäste aßen ihre Portionen wieder, ohne mit der Wimper zu zucken, bis zum letzten Krümel auf.

Irgendwie entstand in diesem Zusammenhang der Begriff vom Komaessen. Man isst Mengen, die völlig jenseits des Bedarfs liegen. Man isst grundsätzlich alles auf, was man bestellt hat, geht dabei weit über alle Grenzen des Sinnvollen oder Notwendigen, und scheint so etwas wie Sättigung nicht zu kennen, solange noch Essen auf dem Teller liegt. Natürlich fällt man nicht vor lauter »Überfressen« vom Stuhl. Aber die Folgen solcher Angewohnheiten werden mit der Zeit sichtbar und machen sich irgendwann gesundheitlich bemerkbar. Nachdem ich diesen Begriff gefunden hatte, habe ich immer wieder überprüft, ob er zutrifft. Er trifft zu, und das – eine ernüchternde Erkenntnis – in gewisser Weise auch auf mich. Was bei diesen Beobachtungen dann auch noch auffiel, ist etwas, das man am besten mit einer »eingeschränkten Tischkultur« bezeichnen könnte. Gerade bei Essern, auf die der Begriff Komaesser passt, hat man oft den Eindruck, als ob sie sich beim Essen einer sehr eingespielten Verrichtung nähern. Selbst Leute, von denen man auf den ersten Blick den Eindruck hatte, sie seien angenehme und zivilisierte Zeitgenossen, greifen zu den Esswerkzeugen und scheinen schlagartig jede Kontrolle zu verlieren. Manche können noch nicht einmal Messer und Gabel »normal« in der Hand halten, sie schaufeln das Essen mit tief über den Teller gesenktem Kinn in sich hinein oder haben andere Marotten, die für ein merkwürdig unkontrolliertes Verhalten rund ums Essen sprechen. Da mag eine Gruppe entspannt und mit freundlicher Unterhaltung vor dem Servieren der Gerichte am Tisch sitzen: Wenn das Essen beginnt, ist der Spaß sozusagen vorbei. Hinterher geht es dann meist wieder etwas entspannter zu. Sind Komaessen und allerlei weitere Umstände rund ums Essen also eine Form des Kontrollverlustes?

## Essen als Belohnung in einer Welt voller Schwierigkeiten

In diesem Zusammenhang tauchte für mich folgende Frage auf: Welche Funktion hat das Essen über die reine Nahrungsaufnahme hinaus? Warum sind wir dort manchmal so überaus engagiert? Warum wirken wir manchmal so, als bräuchten wir dringend eine neue Dosis (um es einmal dezent zu formulieren)? Warum wirken wir manchmal genusssüchtig-zurückgelehnt, so, als ob das Essen noch eine ganz andere, ganz wichtige Funktion hätte?

Die psychologische Forschung ist sich sicher, dass Essen (im weiteren Sinne, also zum Beispiel von einem Snack bis zu einem differenzierten Weingenuss) vor allem als ein Belohnungssystem funktioniert. Das mag erst einmal unproblematisch klingen. Wenn man an dieser Stelle weiterdenkt, geht es allerdings schon ein wenig »ans Eingemachte«: So gut wie jeder von uns wird sich beim Nachdenken über diese Funktion des Essens in irgendeiner Weise wiederfinden. Dabei ist es kein Problem, wenn man sagt: »Ich habe den ganzen Tag hart gearbeitet, ich setze mich jetzt hin und trinke einen Kaffee und esse dazu meine Lieblingspralinen« (oder was auch immer). Ein Problem wird erst daraus, wenn die Verhältnismäßigkeit aus den Fugen gerät, wenn zum Beispiel für manche die Belohnung mit einem Lieblingssnack das Einzige an Belohnung ist, was sie bekommen. Nicht nur fehlt eine Bestätigung von außen – zu allem Überfluss ist man selbst der Belohnen-

Zucker im Übermaß tut nicht gut.

de, der seinen Stress mit Kulinarischem abfedert. Das mag durchaus funktionieren, ist aber dennoch durch eine Belohnung »von außen« nicht zu ersetzen. Ein solches, sozusagen jederzeit verfügbares Belohnungssystem kann schnell ausufern, weil es ohne Mühe zustande kommt und keiner Gegenleistung bedarf: »Mir geht es irgendwie nicht gut, ich habe Lust auf mein Lieblingsessen vom Italiener, lasse es mir bringen, und verspeise es vor meiner Lieblingsserie im Fernsehen und mit einem Bier oder einem Wein. Danach geht es mir besser.« Was ist das gegen die Anstrengungen, die man unternehmen muss, um irgendwo und irgendwie Anerkennung für irgendwelche Leistungen zu bekommen! Und weil

Belohnen schön ist, geht es dann gerne auch einmal bis zum »Anschlag«, es wird weit mehr aufgenommen als nötig, und das möglicherweise jeden Tag. Wird Völlerei da zu einer Flucht?

Es kann auch sein – und das ist eine möglicherweise sehr problematische Sache –, dass man sich gerne und häufig belohnt, sich dessen aber nicht bewusst ist, in seiner Umgebung als Gerneesser oder Feinschmecker gilt, tatsächlich aber vor allem Probleme per Selbstbelohnung über Nahrungsaufnahme abbaut. Die selbstkritische Überprüfung solcher Mechanismen dürfte zu den eher unschönen Dingen gehören, die man sich antun kann. Wird man ehrlich sein? Und – selbst wenn man ganz klar zu dem Schluss kommt, dass irgendetwas zu viel ist und dass dieser übermäßige Konsum mit der Kompensation von Stress und Problemen zu tun hat – wird man sich ändern? Will man auf dieses Belohnungssystem verzichten? Bringt dieses System nicht nur Genuss, sondern auch eine echte Hilfe in schwierigen Situationen?

An dieser Stelle kommen die schlanken Erfolgsmenschen auf den Plan. Die demonstrative Schlankheit, die sich erst in den letzten Jahren als eine Art Managermode etabliert hat, ist genau das Gegenteil vom Frustesser, der auf der Suche nach Belohnung ist. Der alerte Managertypus hat so etwas nicht nötig. Er mag zwar hier und da etwas älter sein, hat sich aber sehr gut gehalten und vermittelt Gesundheit, Fitness und Belastbarkeit. Dieser Typus ist derjenige, der handelt, er ist kein Opfer, das unter Misserfolgen oder mangelnden Erfolgen leidet. Und diese Inhalte werden selbst dann signalisiert, wenn sich – wie wir alle wissen – mit der Arbeit des Typus »Erfolgsmanager« oft genug Katastrophales verbindet.

Es gibt auch noch einen weiteren, weit verbreiteten und nicht unwichtigen Typus, der das Belohnungssystem »Essen« nicht nötig hat. Wir finden ihn häufig bei Leuten, die ständig so intensiv mit etwas beschäftigt sind, dass die Aufnahme von Mahlzeiten in den Hintergrund rückt. Das können Menschen sein, die viel Arbeit haben und bei denen die Untätigkeitsphasen, die man braucht, wenn man sich in Ruhe und in größerem Umfang belohnen will, nicht ins System passen. Dazu gehört auch, dass Intellektuelle aus allen Bereichen längst nicht so oft Gerneesser und Gourmets sind, wie man meinen könnte. Sie bevorzugen beim Essen das für sie Unproblematische und befassen sich einfach nicht weiter damit. Das kann so weit gehen, dass sie die Nahrungsaufnahme nur noch als notwendigen, mechanistischen Schritt ansehen. Man braucht etwas, wenn man Hunger hat, und versteht »das ganze Theater« nicht, das viele Leute rund ums Essen machen. Die Welt spielt sich in geistigen Sphären ab, dagegen wirkt die Essensaufnahme profan.

## Abnehmen. Ein Selbstversuch

Ich war vor einigen Jahren zu einem Empfang des Bundespräsidenten für den ehemaligen UN-Generalsekretär Kofi Annan im großen Saal von Schloss Bellevue eingeladen. Diese Einladung habe ich sozusagen »undercover« erhalten. Es ging nicht darum, die anwesende Garde der Prominenten aus Gesellschaft und Politik zu ergänzen – nein, ich war dort, um als Kritiker das servierte Menü aus der Küche des Bundespräsidialamtes unter die Lupe zu nehmen. Unter anderem gab es ein Treffen mit dem ehemaligen Außenminister Joschka Fischer. Nach einigen Anekdoten aus der Welt des Essens als Politiker – »Erwarten Sie bei dem Menü heute keine großartigen Leistungen. Wir sind hier nicht im Elysee-Palast« – kamen wir auf seine Diät zu sprechen, über dessen absolut überzeugendes Resultat damals ganz Deutschland redete. »Was haben Sie gemacht?«, fragte ich Fischer zwischen einigen Bemerkungen über seine favorisierten Italiener in Berlin. »Ganz einfach«, sagte er, »keine spezielle Diät, nur ein Verzicht auf Kohlenhydrate, Alkohol und Zucker. So gut es eben ging.« Vielleicht erinnern Sie sich daran, dass Joschka Fischer damals massiv abgenommen hatte und dabei durchaus nicht ausgemergelt aussah, sondern eher jünger und dynamischer. »Und wieso sind Sie jetzt wieder – bitte entschuldigen Sie – im Urzustand?«, fragte ich zurück. »Es passt nicht zu mir«, meinte Fischer, »wenn ich normal esse und auch einmal meine Freude an einem oder zwei Gläsern Wein haben will, sehe ich so aus wie immer.« (Anmerkung des Autors: »Ein oder zwei Gläser Wein« scheint mir nicht nur in Berlin die Umschreibung für »ein bis zwei Flaschen Wein« zu sein. Wenn jemand sagt, er trinke gerne abends noch ein Glas Wein, muss man das also nicht unbedingt wörtlich nehmen).

Ich dachte nach. Schon lange hatte ich vorgehabt, einmal ein echtes Abnahmeexperiment zu machen und dabei durchaus nicht irgendwelchen Diäten und Plänen zu folgen, sondern sozusagen nach innen zu schauen und mich selbst und mein Verhalten rund ums Essen genau zu beobachten. Joschka Fischer war da ein wichtiger Hinweis, weil er mit seiner »Fischer-Diät«, die er zudem nicht dogmatisch durchgehalten hatte, doch ganz erstaunliche Erfolge erzielt hatte. Dass der Verzicht auf Alkohol automatisch auch bedeutete, dass man hinterher nicht den Drang verspürte, Süßes in völlig unnötigen Mengen zu sich zu nehmen, war mir schon bekannt. Aber – konnte ich als Gastronomiekritiker überhaupt einen Weg finden, konzentriert abzunehmen, wo ich doch häufig Restaurants besuchen musste und immer wieder auch zu Hause Gerichte für meine Bücher entwickelte? Und – um das vorwegzunehmen – ich habe diesen Versuch nicht in einer Pause oder im Urlaub gemacht, sondern mitten in meinem normalen »Betrieb«. Die Sache mit dem Zucker war mir schon bekannt, das Problem mit den Kohlehydraten, die ja auch wieder in Zucker umgewandelt werden, ebenfalls. Ich hatte auch schon einige Versuche mit der Reduktion von Alkohol gemacht, hatte dann auch weniger Hunger auf Süßes, war aber mit den Resultaten bei der Gewichtsreduzierung nie so richtig zufrieden. Es musste also noch weitere Schlüssel oder auch einfach den richtigen Schlüssel geben.

Aus mir heute nicht mehr präsenten Gründen kam ich darauf, mein Essverhalten etwas genauer zu betrachten. Ich habe in mich hineingehorcht und in etwa jeden Bissen reflektiert. Dabei habe ich Feststellungen gemacht, die mir in dieser Form vorher nicht bewusst waren. Sie führten zu einem Essverhalten, bei dem ich in kürzester Zeit so viel abgenommen habe, dass mein Hausarzt sagte, ich solle doch so langsam einmal halblang machen und es nicht übertreiben.

Was war passiert? Ich habe buchstäblich jeden Bissen nachverfolgt und beobachtet, wie ich darauf reagiere. Eine erste, wichtige Feststellung war, dass nach ein paar Löffelchen Fruchtquark (mein Lieblingsessen tagsüber) das Hungergefühl bereits verschwand. Ich gewöhnte mir an, dann sofort mit dem Essen aufzuhören und auf das nächste Hungergefühl zu warten. Wenn der Hunger wiederkam, habe ich mir eingeredet, dass es ein gutes Zeichen sei, Hunger zu haben, weil man dann abnimmt. Also habe ich immer noch ein wenig gewartet, bis ich dann wieder eine Kleinigkeit aß. Gleichzeitig habe ich mich ständig auf die Waage gestellt und mein Gewicht kontrolliert. Es gab Phasen, in denen ich nichts gegessen habe, wenn die Waage nicht weniger als beim letzten Wiegen anzeigte. Beim regulären Abendessen habe ich dann ebenfalls deutlich weniger gegessen als üblich, weil ich mir eben angewöhnt hatte, immer erst in mich hineinzuhören. Vom Wein habe ich nur ein Schlückchen genommen und auf Süßes ganz verzichtet. Bei meinen dienstlichen Essen als Kritiker habe ich selbstverständlich alles korrekt probiert und auf diese Weise auch für das Ziel des Abnehmens deutlich »zu viel« gegessen, aber auch dort die Menge wesentlich reduziert. Das führte dann beim nächsten Wiegen zu höheren Zahlen, die aber recht schnell wieder verschwanden.

Das Ergebnis war phänomenal. Ich habe so schnell abgenommen, dass es mir langsam unheimlich wurde. Nach etwa 12 bis

14 Kilogramm Abnahme in ein paar Monaten stellte ich den Versuch ein.

Heute, also einige Jahre später, wiege ich so viel wie immer, kann aber mit meinem »Spezialtrick« jederzeit wieder das Gewicht reduzieren – zumindest rede ich mir das ein. Ich weiß, dass es funktioniert, aber das, was ich ändern müsste, ist gerade bei meinem Beruf eine so gewaltige Verhaltensänderung, dass es fast wie ein anderes Leben wäre. Im Vergleich zu allen möglichen Diätvorschlägen ist meine »Diät« jedenfalls – zumindest auf dem Papier – ganz einfach. Das Geheimnis ist eben »nur« – zusammengefasst –, dass man den Hunger als einen Freund erleben muss, der signalisiert, dass man abnimmt. Und – man muss sich ständig selbst kontrollieren, sich ständig wiegen und hat vor allem dieses Thema unablässig auf der Tagesordnung stehen. Die wesentliche Erkenntnis ist aber nicht so sehr diese praktische Durchführung, sondern die Einsicht, dass das Problem »zwischen den Ohren« liegt – wie man so schön sagt.

Für mich ist von diesem Experiment die Erkenntnis geblieben, dass ich könnte, wenn ich wollte. Ich habe erlebt, wo die Schaltstelle für übermäßiges Essen ist und dass man sozusagen Zugriff auf den Schalter hat. Ich könnte, wenn ich wollte. Aber will ich denn überhaupt? Und warum sollte ich wollen?

## Aus dem Leben eines professionellen Verkosters

Um ein Buch über »Völlerei« zu schreiben, muss man natürlich wissen, was übermäßige Nahrungsaufnahme und Völlerei bedeutet, und ganz allgemein, welche Mechanismen sich rund um umfangreiche und viel zu große Mahlzeiten entwickeln. Für exakt diesen Bereich bin ich durch meine langjährige Arbeit als Restaurantkritiker, aber auch dadurch, wie sich diese Arbeit auf mein tägliches Leben auswirkt, geradezu prädestiniert – salopp gesprochen. Von Berufs wegen muss ich sehr oft sehr viel essen, und diese Essen können wirklich manchmal so ausufern, dass man es nicht für möglich hält. Am besten berichte ich von einigen konkreten Ereignissen.

### Bei Jean-Claude Bourgueil im Restaurant »Im Schiffchen«

Es war eigentlich ein für mich »ganz normales« Essen, also ein Menü in einem sehr guten Restaurant, in diesem Falle wegen eines geplanten Porträts des Kochs und seiner Küche, angemeldet und kein anonymer Test. Meine Frau war krank und konnte mich nicht begleiten. Weil ich aber nicht alle Gerichte allein essen wollte, haben wir überlegt, ob ich nicht einen unserer Freunde oder Bekannten statt meiner Frau mitnehmen könnte. Gesagt, getan, es traf unseren Tierarzt, mit dem ich bei unseren Arztbesuchen immer wieder auch einmal über Essen sprach. Er war begeistert und sagte sofort zu. Wir aßen also an diesem Abend das große Menü, in einem für mich nicht weiter erwähnenswerten Umfang, was allerdings in der Spitzenküche im Vergleich zur bürgerlichen Küche (den Begriff »gutbürgerlich« benutze ich nicht mehr) ziemlich viel ist. Einige Gänge konnten wir uns teilen, andere bekamen wir parallel, der Koch hatte das so gut wie möglich arrangiert. Es gab also sechs oder sieben Gänge mit Kleinigkeiten vorab, zwischendurch und hinterher. Das Essen verlief angenehm, der Tierarzt war interessiert, neigte aber zunehmend dazu, etwas zu den Mengen anzumerken. Dazu muss gesagt werden, dass es in diesem Restaurant, das von einem Franzosen betrieben wird, eine Küche gibt, bei der – sagen wir: nicht auf Diät geachtet wird. Wenn Butter oder Sahne oder Fett gut schmecken, dann wird auch damit gearbeitet. Wir hatten auch nicht besonders viel Wein getrunken, sodass das Essen für mich nicht weiter aus dem Rahmen fiel.

Am nächsten Tag hatte ich eigentlich einen Anruf von unserem Tierarzt erwartet, der aber ausblieb. Er rief erst am übernächsten Tag an, und seine Eindrücke sprudelten nur so aus ihm heraus. Im Kern stand nicht nur die hohe Qualität des Essens im engeren

Sinn, sondern die Menge, die er gegessen hatte. Er habe, erzählte er mir voller Staunen, am kompletten Tag nach dem Menü nicht einen Bissen gegessen, er sei überhaupt nicht auf die Idee gekommen, etwas zu essen. Es wäre unfassbar, was man da alles essen müsse, und er hätte sich meinen Beruf gar nicht so anstrengend vorgestellt. Dazu muss ich ergänzen, dass ich ab und zu von den anstehenden Reisen und Restaurantbesuchen erzähle und dabei auch schon einmal über die kommenden »Belastungen« ein wenig stöhne. So etwas löst bei meinem Gegenüber dann immer hämische Kommentare aus. »Leide« ich etwa »auf hohem Niveau«? Meine Gesprächspartner sehen nur den »Luxus« und können sich überhaupt nicht vorstellen, dass jemand über einen solchen Traumberuf klagt.

**Der Völlerei-Aspekt:** War das ein Fall aus der Abteilung Völlerei? Oder einfach nur ein etwas zu umfangreiches Essen, das man im Grunde gerne isst, weil es so gut schmeckt und weil man sich so sehr dafür interessiert?

### Bei Helmut Thieltges im »Waldhotel Sonnora«

Das Beispiel Nummer eins war also aus meiner Sicht vollkommen harmlos, vielleicht ein wenig stressig, aber überhaupt kein Problem. Es gibt andere Belastungen, die auch mir das Gefühl geben, es geht nicht mehr, ich kann nicht mehr, ich muss jetzt sofort aufhören und kann nie mehr etwas essen. An meinem zweiten Beispiel war unser Hausarzt beteiligt, den wir zum Essen eingeladen hatten. Es ging zu dem mittlerweile leider verstorbenen Drei Sterne-Koch Helmut Thieltges ins »Waldhotel Sonnora« in Dreis in der Nähe von Trier. Thieltges und ich kannten uns gut, ich habe ihn sehr geschätzt. Der Meister hatte allerdings eine – sagen wir: für mich etwas schwierige Angewohnheit. Ich konnte bestellen, was ich wollte, er lieferte immer noch ein paar Gänge mehr, weil er mir zeigen wollte, was er an neuen Ideen hatte. So etwas ist zwar sehr schön und für mich natürlich enorm informativ, bedeutet aber bei einer Küche, die nicht so ganz leicht ist, natürlich immer allerlei Kalorien. An diesem Tag also war ich dort, um für »Fine. Das Weinmagazin« eine Folge meiner Serie »Wein und Speisen« zu realisieren. Dazu esse ich fünf Gänge mit den vom Restaurant empfohlenen Weinen, und schreibe detailliert darüber, wie Weine und Essen zusammen harmonieren und/oder reagieren.

Schon bei der Terminabsprache am Telefon fragte Thieltges, ob er »so zwei, drei Gänge zusätzlich« machen dürfe. Ich stimmte zu, sagte ihm aber ganz klar, dass es auf keinen Fall mehr sein dürften, weil ich mich auf den äußerst differenzierten Zusammenhang von Wein und Speisen immer sehr konzentrieren und dafür frisch bleiben müsse. Als wir nachmittags dort ankamen, ging ich zuerst in die Küche und fragte nach, wie das Menü aussehen würde. Thieltges murmelte ein wenig und gab mir dann einen Zettel, auf dem mittlerweile statt der sieben oder acht Gerichte schon zwölf Gerichte aufgelistet waren. Ich hatte so etwas geahnt, murmelte selbst auch irgendetwas (wohlgemerkt, wir hatten ein wirklich sehr gutes, sehr herzliches Verhältnis) und erschien dann abends pünktlich mit meiner Frau und dem Hausarzt am Tisch. Weil es bei mir um das Verhältnis von Wein und Speisen ging, bekamen wir dann auch zu jedem Gang einen anderen Wein, und das eben auch zu den zusätzlichen Gängen. Sie ahnen vielleicht, was passierte. Es blieb nicht bei zwölf Gängen. Thieltges »schickte« (der Fachbegriff) immer neue Gerichte, und am Ende des Abends waren es 22 Gänge plus der begleitenden Weine. Es war eine der härtesten »Prüfungen«, die ich über mich ergehen lassen musste. Und – obwohl ich versucht habe, wirklich nur jeweils das zu probieren, was ich für meine Beurteilungen wirklich brauchte – war es einfach so, dass ich etwa ab Gang zehn den Eindruck hatte, ich könne jetzt keinesfalls noch irgendetwas essen. Ich hatte gleich mehrere tote Punkte (die man aber auch beim Essen tatsächlich überwinden kann), ich hatte Schwierigkeiten, überhaupt die Gabel zum Mund zu führen, und außerdem ja auch noch eine ganze Reihe von Weinen probiert – alles von überragender Qualität. Und – das darf ich vielleicht sagen – meine Notizen wurden zwar im Laufe des Menüs kürzer und etwas schwerer leslich, aber ich habe bis zum Schluss durchgehalten. Allerdings habe ich von den Weinen dann nur noch jeweils die Menge von etwa einem Esslöffel getrunken. Unser Hausarzt, der ohnehin etwas kleiner und ziemlich wohlbeleibt ist, hat dagegen alles komplett aufgegessen – und getrunken!

Meine Frau und ich sanken ins Bett, waren morgens aber pünktlich und recht früh zum Frühstück wieder präsent, vielleicht etwas ermattet, aber nicht wirklich geschädigt. Wer fehlte, war unser Hausarzt. Wir warteten und warteten und fingen an, uns Sorgen zu machen. Schließlich kam er, erschöpft, aber in Ordnung. Er fand die ganze Sache einfach unglaublich speziell, hart, aber so interessant, dass er auf keinen Fall irgendetwas hätte verpassen wollen. Nach diesem Tag stand für ihn fest, dass mein Beruf vor allem schwere körperliche Arbeit ist.

**Der Völlerei-Aspekt:** Von außen betrachtet muss unser Essen bei Helmut Thieltges – auch für die anderen Gäste im Raum – wie Völlerei in Reinkultur gewirkt haben. Es gab immer wieder neue Köstlichkeiten, Weine dazu, und das insgesamt in Mengen, die weit jenseits dessen waren, was ein Mensch üblicherweise selbst an Festtagen zu sich nimmt. Aber – es war keine absichtsvoll und in mangelnder Kontrolle herbeigeführte Völlerei um des Essens willen, ungesteuert, ungebremst und suchtartig. Wir sind auch nicht in grölende Grobheiten verfallen, sondern haben uns die ganze Zeit konzentriert mit dem Essen und den vielen Details befasst. Das Essen war von den Mengen her außer Kontrolle, aber ich war nicht außer Kontrolle, sondern habe mich bemüht, alles so gut wie möglich zu registrieren. Ich habe versucht, meinen Körper so einzusetzen und zu belasten, dass ein solches Riesenessen trotzdem präzise registriert werden konnte. Aspekte der Selbstbelohnung durch gutes Essen oder irgendwelcher unkontrollierten Mechanismen spielten keine Rolle.

### Die versteckten Fette beim Italiener

Die körperlich und psychisch schlimmsten Probleme hatte ich aber an einer ganz anderen Stelle, und sie waren im Prinzip völlig unerwartet.

Normalerweise bin ich – wie gesagt – mit meiner Frau unterwegs. Wir teilen uns die Gerichte, sodass sich mein Anteil am Essen meist in Grenzen hält. Es gibt aber Ausnahmen, also Restaurantbesuche, die ich allein absolvieren muss. Ich versuche dann in der Regel, die Portionen schon bei der Bestellung so klein wie möglich zu halten. Ich war also in Berlin und hatte mittags ein Essen in einem italienischen Restaurant in der Nähe des Bahnhofs Friedrichstraße. Es gelang mir auch ohne Weiteres, vier Gerichte zu bestellen, die von der Portion her einigermaßen erträglich wirkten. Es schmeckte sehr gut, ich verließ das Restaurant zwar komplett satt, aber nicht überfüllt. So dachte ich zumindest. Routinemäßig hatte ich den Rest des Nachmittags für Spaziergänge durch die Stadt verplant, um – wie üblich – die Kalorien zu verbrennen und abends bei einem weiteren Essen wieder bei gutem Appetit zu sein. Ich ging also los und lief und lief. Nur – das sich einstellende Völlegefühl ließ nicht nach. Ich lief weiter und viel länger, als ich das sonst tue und verzichtete schließlich auch noch auf die vorgesehene Pause im Hotel. Aber – es half nichts. Ich fühlte mich wie ein aufgeblasener Ballon und hatte das Gefühl, dass ich überhaupt nichts mehr essen könne. Mittlerweile nahte der Termin für das nächste Essen, das mich in ein Gourmetrestaurant mit besonders kreativer Küche führen sollte, eine Küche, auf die ich mich sehr gefreut hatte. Ich rief an und fragte, ob ich etwas später kommen könne. Das war möglich, nützte aber nichts, ich fühlte mich weiterhin völlig außerstande, etwas zu mir zu nehmen, geschweige denn, ein komplettes Gourmetmenü mit allerlei Kleinigkeiten vorweg und hinterher. Mir wurde langsam unwohl, aber nicht wegen einer Übelkeit (die man ja vielleicht mit einem beherzten Griff zur Tablette hätte beseitigen können), sondern weil ich den Termin nicht absagen konnte und wollte. Ich schlich mich ins Restaurant und hoffte auf einen Effekt, den ich schon kannte. Manchmal fehlt einfach in meinem Gewerbe wegen der Vorbelastung durch ein Mittagessen der Appetit, der aber regelmäßig kommt, wenn es wieder etwas Interessantes zu essen gibt. Dieses Mal half aber gar nichts, es blieb, wie es war, und es deutete sich eine Katastrophe an. Die ersten Kleinigkeiten vorab kamen, und obwohl sie wirklich klein und fein und hochinteressant waren, ließ ich von allem etwas auf dem Teller. Der Service fragte, ob alles in Ordnung wäre. Ich nickte und griff zu einem meiner Standardsprüche: »Ja, sicher, ich habe mir nur angewöhnt, aus Gründen der Mengenkontrolle wirklich nur so viel zu essen, wie ich brauche, um einen Eindruck von dem Gericht zu bekommen.« Glücklicherweise war der Besuch offiziell, ich sollte ein Porträt schreiben, man wusste also, wer ich war, und lächelte verständnisvoll. Der erste Gang kam, und ich merkte, dass ich noch nicht einmal Lust hatte, auch nur den kleinsten Happen zu probieren. Es ging mir schlecht, physisch und eben auch psychisch, ich quälte mich, ich fand die Situation unmöglich, alles gleichzeitig. Nachdem ich auch vom zweiten Gang nur minimale Partikel probiert hatte und der Serviceleiter immer wieder sorgenvoll in meine Richtung sah, bat ich ihn an den Tisch und erzählte ihm von meinem Problem. Auch er hatte natürlich vollstes Verständnis. Ich machte also erst einmal eine Pause, ging noch einmal nach draußen und drehte eine Runde um den Block, um dann schließlich am späten Abend alles probiert zu haben. Und weil ich keinerlei Aversion gegen das

Essen hatte, konnte ich es zumindest professionell registrieren und notieren.

**Der Völlerei-Aspekt:** Was war nur mittags beim Italiener passiert? Es war etwas, das ich im Laufe der Zeit einige Male im Zusammenhang mit guten italienischen Restaurants erlebt hatte. Es gab Unmengen versteckter Fette in den Gerichten, die man beim Essen wegen des süffigen Geschmacks kaum wahrnimmt. Und weil ich auch noch aus beruflichen Gründen eher daran interessiert war, zügig zu essen (damit der Abstand zum nächsten Essen möglichst groß wird), hatte ich eine Art Fett-Overkill zu mir genommen und so viel Energie/Kalorien vertilgt, dass der Körper sie nicht in wenigen Stunden abbauen konnte. Statt durch die Stadt zu spazieren, hätte ich vielleicht Gewichte heben sollen ...

De facto hatte ich an diesem Tag einfach zu viel gegessen und versucht, noch mehr zu essen. Ich war sogar noch extrem vorsichtig und hatte so wenig wie möglich gegessen, damit ich für den Abend noch »einsatzfähig« war. Trotzdem war es deutlich zu viel. Die Frage also von Appetit und Sättigung, von dem, was der Kopf und dem, was der Körper sagt, werden uns gleich noch beschäftigen, sie sind ein zentrales Problem.

## Auch der Profi ist privat ein ganz normaler Esser

Die Art und Weise wie wir (also meine Frau und ich) zu Hause essen und wie sehr das professionelle Essen dabei eine Rolle spielt, ist zweifellos so etwas wie eine Nagelprobe. Nein, es ist nicht so, dass wir wegen der vielen großen, professionellen Essen zu Hause nur noch trockenes Brot und mit Wasser verdünnten Wein trinken. Es geht auch nicht unbedingt einfacher zu, aber – sagen wir: etwas kompakter. Dass ich für ein normales Abendessen mehrere Gänge koche, ist so gut wie ausgeschlossen. Es gibt oft eine kleine Vorspeise, manchmal auch nur insgesamt zwei oder drei kleine Zubereitungen. In der Regel aber eben vor allem ein Hauptgericht, das so bemessen ist, dass wir das Essen danach beenden können. Wenn ich meinen Teller mit dem abendlichen Hauptgericht gegessen habe, beende ich das Essen und gehe nicht etwa zu den Töpfen und hole mir auch noch die Reste. Das tue ich selbst dann nicht, wenn mir vielleicht eine neue Zubereitung ganz besonders gut geschmeckt hat. Mir geht es eigentlich immer um den Geschmack, nicht um die Menge. Das Essen ist für mich also eine Mischung aus Arbeit und Feierabendgenuss. Was ich nicht zum Anrichten der Teller brauche, bleibt in den Töpfen und Schüsseln und wird – ziemlich häufig – von meiner Frau im Laufe des Abends oder am nächsten Tag geleert. Einen süßen Abschluss für unsere abendlichen Essen gibt es eher nicht, zumindest ist er in der Regel nicht geplant. Andererseits tut dann im Verlauf des Abends der Wein seine Wirkung und der Mechanismus Alkohol – Lust auf Süßes – gefolgt von einer leicht verzögerten Lust auf Herzhaftes setzt ein. Das wiederum hat dann eben doch zur Folge, dass man im Endeffekt mit mehr Wein auch regelmäßig zu viel isst. Ohne Wein verlieren wir sofort jede Lust an solchen kulinarischen Ausflügen, es gibt einfach keinen Druck, Süßes zu essen.

Je nach Lage der Dinge fragen wir uns nach einer Flasche Wein allerdings durchaus, ob noch irgendetwas im Haus ist, was uns zusätzlich Freude bereiten könnte. Sie ahnen es: Es ist, und zwar zum Beispiel etwas aus unserer schönen Sammlung an hochwertigen Bränden, Likören und anderen alkoholischen Getränken, die im Laufe eines Abends in kleinen Mengen oft sehr viel Vergnügen bereiten können, aber eben auch die entsprechenden Nebenwirkungen haben, sprich, den Zuckerbedarf erhöhen. Je nach Lage der Dinge, und wenn nicht für einen körperlichen Ausgleich gesorgt werden kann, sind das jedenfalls »gute« Voraussetzungen für eine Gewichtszunahme ...

Die Menüs für Freunde haben einen gewissen Umfang, sind aber stark von meinen Kenntnissen über das Essen von Menüs geprägt, also nicht zu lang, eher zügig serviert, mit nicht zu großen Portionen, und eher auf der leichten Seite. Und wenn es Gänge mit Sahne oder Butter geben soll, verzichte ich nicht auf den Geschmack, halte die Portion aber klein. Die Zeit zum Sitzen und Erzählen kommt mit Käse und Wein, Ende offen, ein Dessert und/oder andere süße Dinge sind die Regel.

Die Mechanismen aus den Restaurants mit großen Menüs spielen also auch im privaten Rahmen eine Rolle. Manchmal habe ich den Eindruck, als ob der Mensch zumindest in den wohlhabenden Zivilisationen der Welt damit geschlagen ist, dass er nicht so viel essen und trinken kann, wie er will. Isst er so, wie er will und kann, wird es nicht lange dauern, und er wird körperliche Probleme bekommen, es sei denn, er hat eine Tätigkeit, bei der er Unmengen an Kalorien verbraucht. Der Völlerei-Aspekt in der häuslichen Küche von Leuten, die gerne essen, ist also immer ein Thema, und oft ein tägliches. Man muss ständig auf die Bremse treten, erst recht dann, wenn man weiß, wie man sich verwöhnen kann …

## Hat der Mensch einen Softwarefehler?

Nun: Es gibt einen offensichtlichen Unterschied beziehungsweise eine Unstimmigkeit zwischen einem von Hunger gesteuertem und einem von Appetit gesteuertem Essen. Der Mensch hat sozusagen einen Softwarefehler. Wenn Sie Ihr Auto betanken, ist der Tank irgendwann voll und Sie beenden das Tanken, weil nichts mehr in den Tank hineinpasst. Das ist simpel: Der Tank hat ein gewisses Fassungsvermögen, es passt nicht mehr als die Menge x hinein. So das Auto. Leider ist das beim Menschen nicht ganz so. Beim Menschen verschwindet das Hungergefühl schon nach wenigen Bissen. Könnte er nur so viel essen, bis das Hungergefühl verschwindet, wäre er mit seiner Nahrungsaufnahme schnell fertig. Er isst aber in der Regel mehr, weil er weiß, dass bei zu geringer Nahrungsaufnahme der Hunger sehr schnell zurückkommt. Er isst auf Vorrat – sozusagen. Und weil es ihm auch nicht schlecht wird, wenn er etwas mehr isst, als er zum Stillen des Hungers braucht, hält er das eine Weile aus.

Eine große Hilfe ist dem Menschen dabei der Appetit, also die Lust darauf, zu essen oder vor allem etwas Bestimmtes zu essen, von dem man weiß, dass man es sehr gerne isst. Wenn dieser Appetit sehr groß ist, kann man mit großer Befriedigung sehr viel essen, also auch sehr viel mehr, als der Körper bräuchte. Und – der Appetit kann zu allem Überfluss auch noch angeregt werden. Wer viel Saures isst, bekommt wieder Appetit auf Süßes, und umgekehrt. Wer viel Alkohol zu sich nimmt, bekommt einen manchmal kaum zu bändigenden Appetit auf Süßes. Und weil der menschliche Organismus ganz allgemein dann leider nicht nur das verarbeitet, was er braucht, sondern alles, was man ihm zuführt, zeigt sich das Zuviel meist nicht sofort, sondern erst mit ein wenig Verzögerung mit Problemen wie Fettleibigkeit, Herz-Kreislauf-Problemen oder Ähnlichem.

## Der große Unterschied zu früher

Wenn heute über die unnötigen Verzehrmengen nachgedacht wird, geht es meist darum, daran zu erinnern, dass der Mensch zu früheren Zeiten als weitgehend körperlich arbeitendes Wesen einen großen Bedarf an Kalorien hatte. Als dieser Bedarf im Zusammenhang mit der Veränderung seiner Arbeits- und Lebensumstände mehr und mehr verschwand, hat er allerdings in vielen Fällen nicht aufgehört, die Kalorienzahl eines körperlich schwer arbeitenden Menschen zu sich zu nehmen. Was hat ihn gesteuert? Eben nicht der Hunger und das Wissen um die Notwendigkeit, sich Vorräte »anzufuttern«, um eine schwere Arbeit erledigen zu können, sondern der Appetit. Wenn man noch weiter die Geschichte zurückgeht, darf vermutet werden, dass der Mensch auch als Sammler und Jäger schon eine Art Komaesser war, der sich – wenn es denn genug

Wenn die Nahrungsaufnahme den Energieverbrauch übersteigt ...

zu essen gab – regelrecht bis zum Anschlag »abgefüllt« hat (insofern den Tieren nicht unähnlich). Denn: Es kamen ja in der Regel auch Tage, an denen nicht besonders viel Nahrung zur Verfügung stand. Er hatte also Gründe für diese Art der Essensaufnahme. Bei Bedarf beziehungsweise bei Gelegenheit nahm der Mensch in vergangenen Zeiten viel Nahrung zu sich – auch über die Sättigung hinaus. Der Appetit spielte zu solchen Zeiten und unter solchen Umständen wohl kaum eine so große Rolle wie heute – zumindest nicht in der wählerisch-lustbetonten Art, wie wir das heute kennen. Vielleicht gab es »Appetit« in der Negativform, dass also auffiel, wenn jemand nicht essen wollte, weil er krank war. Man wird ihn und seinen Zustand als gefährdet eingestuft haben. Der Kranke brauchte sicherlich in vielen Fällen Nahrung, hatte aber weder Hunger im Sinne eines klar vom Körper signalisierten Bedarfs, noch Appetit im Sinne einer lustvollen Nahrungsaufnahme.

Doch: Unter welchen Umständen ist nun die natürliche Balance zwischen Hunger und Sättigung abhandengekommen? Seit wann und unter welchen Umständen wird nicht mehr nur der Bedarf gedeckt, sondern ist Essen zu einer ganz entscheidend von Appetit gesteuerten Handlung geworden, die regelmäßig dazu führt, dass der Mensch viel zu viel Nahrung zu sich nimmt? Wann geriet die Balance zwischen Bedarf und Konsum aus den Fugen? Ist eine gute Balance eine, die dem Körper gibt, was er braucht, und das ruhig auch in einer hin und wieder über das notwendige Maß hinausgehenden Form, die ihm Freude bereitet, vielleicht zum Vorteil für Mensch und Gesellschaft?

Allein hinsichtlich des Essverhaltens in früheren Zeiten sind viele Fragen offen. Hatten zum Beispiel die Frauen der Jäger und Sammler ähnlich anstrengende Aufgaben und deshalb den gleichen Kalorienbedarf wie die stark körperlich arbeitenden Männer? Oder gab es bei ihnen – zumindest in Zeiten, wo sie wegen ihrer Kleinkinder unflexibler waren – weniger Bedarf an Essen, weniger Hunger? Hatten Alte und Kranke automatisch eine bessere Balance, weil sie mangels Bewegung weniger Essen brauchten? Wenn sie denn weniger Kalorien brauchten, hatten sie weniger Appetit oder einfach ein frühes Sättigungsgefühl? Und wenn das so war, warum haben sie dann nicht »auf Vorrat« gegessen wie die Jäger und Sammler, sondern auf eine ganz natürliche Weise weniger? Und haben sich bei unseren Vorfahren Hunger und Sättigung durchaus in einer gewissen Balance gehalten, selbst dann, wenn wegen der Notwendigkeit, »auf Vorrat« zu essen, eigentlich zu viel gegessen wurde? Ist unser Blick auf eine übermäßige Nahrungszufuhr von heute aus gesehen stark verfärbt, weil wir uns frühzeitliche Formen des Essens einfach nicht mehr vorstellen können?

Das, was sich bei den Jägern und Sammlern oder allen, die fast während der ganzen bisherigen Zivilisation viele Kalorien brauchten, abspielte, weil sie wegen der Schwere ihrer Arbeit einfach viel

Nahrung brauchten, hat jedenfalls kaum etwas mit Völlerei als einer vor allem vom Appetit gesteuerten, übermäßigen Nahrungsaufnahme zu tun, auch wenn das gleiche Verhalten heutzutage immer etwas mit Völlerei zu tun hat.

## Gab es einen Urknall der Völlerei?

Es muss da noch einen anderen Aspekt geben. Die Entwicklung des Menschen zeigt rund ums Essen und um Phänomene wie die Völlerei eine Entwicklung, die zu massiven negativen Folgen führen kann. Der Völlerei-Urknall muss dort zu suchen sein, wo sich Appetit eingeschlichen hat, wo also die Freude auf kommende Vergnügungen durch Nahrungsaufnahme so groß wurde, dass über den reinen Hunger hinaus die Fokussierung auf das Essen eine besondere wurde. Und vor allem muss dieses Vergnügen nicht nur zu Beginn des Essens existiert, sondern auch angehalten haben, wenn der Bedarf eigentlich gedeckt und der Hunger gestillt war. Man wird bei diesem Black-Box-Phänomen nach dem Urgrund für eine Entwicklung suchen müssen, die sich heute in aller Deutlichkeit zeigt. Gab es früh den Blick auf ein Stück Fleisch, der genüsslich auch das nächste im Auge hatte, der rein etwas mit Genuss und genießen zu tun hatte? Zumindest, wenn wir die Forschung und die Filme, die uns Steinzeitmenschen beim Essen zeigen, ansehen, darf das erst einmal bezweifelt werden. Der Völlerei-Urknall muss eher mit dem »Prinzip Adam und Eva« und der »Erfindung« der Sünde zu tun haben. Er ist wohl am ehesten da zu suchen, wo eine Wahl möglich war, wo also eine Art von Überangebot existierte und sich im Kopf etwas entwickelte, das mehr Motivation für das eine als das andere Angebot an Essen zeigte.

Vermutlich braucht eine solche psychische Disposition zunächst manifeste materielle Gründe. Das Auftauchen des Festlichen wie die Assemblage des Besten als Opfer für die Götter spielen sicher dort mit hinein. Das Beste war lange Zeit in vielen

Kulturen erst einmal für die Götter und als Opfergabe bestimmt. Die sich daraus entwickelnden Festlichkeiten, bei denen neben den Göttern auch die Menschen etwas abbekamen, waren sicher geeignet, die Gedanken auf das Essen in einer anderen Form zu konzentrieren. Aber: Das waren sicher Ausnahmen. Unsere Vorfahren kannten vielleicht den Mechanismus eines strapaziösen Zuvielessens auf Vorrat, nicht aber wirklich die Völlerei im Sinne einer ständigen Überernährung. Zu dieser Entwicklung konnte es erst mit einem Überangebot kommen, wo die Feste zu einem Dauerbetrieb wurden und sich sogar – denken wir an das, was wir weiter vorne zu den Römern erfahren haben – der Wunsch ergab, mit Varianten und Zusammenstellungen zusätzliche neue Reize zu schaffen. Völlerei scheint also entweder starke Reize oder wechselnde Reize zu benötigen, die beide in der Lage sind, die Dominanz des Appetits über die Sättigung zu erzeugen.

Im weiteren Verlauf der Geschichte ging es dann zunächst immer stärker darum, wer sich so etwas wie Völlerei erlauben konnte. Völlerei im weitesten Sinne war sicherlich bis zu Beginn der bürgerlichen Zeitalter weitgehend ein Phänomen der Besitzenden. Dies hat sich erst in jüngster Zeit dahingehend gewandelt, dass es extrem leicht und billig ist, an Kalorien zu kommen.

Und: Die Völlerei hatte schon in der Geschichte diverse Varianten, die vom Reiz des Neuen bis zu großen Gelagen reichten, aber eben auch in einer nicht so elitären Form mit einfachstem, fettem Essen und viel einfachem Alkohol so stattfanden, dass sie von den Kirchen bekämpft und zur Sünde erklärt wurden.

## Balance und Dysbalance

Bei der Frage nach den Gründen für eine regelmäßige Überernährung läuft es darauf hinaus, dass man von einer fehlenden Balance, von einem Mangel an Ausgewogenheit zwischen Appetit und Sättigung beim modernen Menschen reden kann. Dies ist besonders in Gesellschaften mit einem im Prinzip für alle Bürger erschwinglichen Überangebot an Nahrung zu finden. Ganz egal, warum eine solche fehlende Balance sichtbar wird, ob es sich also mehr um eine Reaktion oder eher um eine Aktion handelt, ob es gesellschaftlich toleriert oder abgelehnt wird, der Schlüssel liegt immer da, wo dem Appetit nicht ausgewogen begegnet wird, sondern es Gründe gibt, die eine weit über das notwendige Maß hinausgehende Zuführung von Nahrungs- und Genussmitteln provozieren. Hier nun muss der Blick in Richtung des Menschen als soziales Wesen gehen, als ein Individuum, das unter bestimmten gesellschaftlichen Bedingungen in eine entsprechende Lage gebracht wird. Werfen wir einen Blick auf den Komplex von Überernährung und Gesellschaft.

# Essen in Gesellschaft und Politik

## Völlerei in der »aufgeklärten« bürgerlichen Gesellschaft

Die Kritik an der übermäßigen Nahrungsaufnahme hat in den letzten Jahrtausenden vor allem etwas mit religiösen Vorstellungen und Regeln zu tun gehabt. Der Gang durch die Geschichte der Todsünde hat das sehr plastisch gezeigt. Er hat aber auch gezeigt, dass sich der Mensch immer wieder damit beschäftigt hat, wie man die diversen Vorschriften umgehen kann, wie man die Regeln oder die Regelwächter am besten »austrickst«. Diese Verschiebung in Richtung eines selbstbewussten Handelns ist im Laufe der Zeit immer größer geworden. In dem Maße, wie die Bedeutung kirchlicher Vorschriften abnahm – ich muss die Gedanken jetzt auf die christlich geprägten, westlich-industrialisierten Länder beschränken – haben individuelle Vorstellungen und Verhaltensweisen an Gewicht zugenommen. Wir können heute eine große Zahl an Menschen beobachten, die sich kaum für Konsumverbote oder -gebote irgendwelcher Religionen interessieren. Jemand will ihnen verbieten, dies oder das zu tun? Lächerlich!

Nahrungsaufnahme – in welcher Menge auch immer – ist zum Ausdruck einer individuellen Daseinsgestaltung geworden, bei der man sich keinerlei Vorschriften mehr machen lässt. Ganz im Gegenteil: Es ist immer wieder zu beobachten, dass die Kritik an Essensgewohnheiten schnell ein aggressives Verhalten provoziert. Die kirchlichen Fastentage spielen im Prinzip keinerlei Rolle mehr oder haben nur noch den Rang einer Art Vereinssatzung. Irgendwo ist noch hängengeblieben, dass man aus Tradition freitags Fisch isst, und das Angebot der Händler an Fisch wird donnerstags und freitags etwas größer. Andererseits gibt es auch die Tradition, dass man bei einer Kirmes oder einem Schützenfest gern einen Stand besucht, der Bratfisch oder Backfisch anbietet. Niemand wird auf die Idee kommen, dass dieses traditionelle Jahrmarktsangebot irgendeine Verbindung mit dem Freitag oder mit Fastentagen zu tun hat. Wenn es im TV rund um die bis auf Karfreitag und Aschermittwoch zusammengestrichenen Fastentage beschauliche Filme mit viel klösterlicher Architektur und anderen alten Szenarien gibt, überkommt den Zuschauer neben seiner Knabbertüte vielleicht ein wohliger Schauer vom ursprünglichen, inhaltsvollen Leben mit tieferem Sinn. Im Grunde ist aber auch das ein ideologisch gefärbter Konsum für wenige Minuten, der folgenlos für das Handeln bleibt. Man muss die Lage – Ausnahmen in stark religiös geprägten Gesellschaften bestätigen die Regel – nüchtern betrachten: Fasten ist kein Thema mehr.

## Die Akzeptanz des Übergewichts: neue Vorbilder

Es ist noch gar nicht so lange her, da zeigten die Fotos von Schulklassen mehr oder weniger schlanke Kinder und Jugendliche. Man muss dabei gar nicht in die Zeiten nach dem Krieg zurückgehen: Es reicht vollkommen, etwa 15 bis 20 Jahre zurückzublicken (oder ganz ausgeprägt in die New Wave-Zeiten in den 1980er Jahren). Seitdem haben sich die Bilder von Schulklassen gravierend verändert. Heute wird man die mehr oder weniger Schlanken oder Normalgewichtigen in Gruppen von Kindern und Jugendlichen suchen müssen – sie sind fast schon die Ausnahme. Ich persönlich galt eine Zeitlang in meiner Schulklasse schon als übergewichtig, weil ich mich bei einer Körpergröße von 1,83 Meter in den Oberklassen des Gymnasiums den 80 kg näherte (und dabei dennoch der beste Sportler der Klasse war). Ganz allgemein waren die auffällig »Dicken« lange Zeit bei Jugendlichen so etwas wie eine eher bizarre Ausnahme, gerne die Klassenclowns oder ähnliche Außenseiter mit einem manchmal sogar kultivierten Außenseiterverhalten: Wenn sie irgendwo auftauchten, wurde es lustig oder exzentrisch. Ich erinnere mich an Partys in den frühen 1960er-Jahren. Es ging eigentlich vor allem darum, dass sich möglichst schnell Pärchen fanden. Wenn dann ein paar Dicke dabei waren, störten sie oft die Stimmung, weil sie, die meist kein Mädchen abbekamen, dann dazu übergingen, irgendwelchen Unsinn zu machen.

Wenn man sich heute dort umsieht, wo die großen medialen Vorbilder für Kinder, Jugendliche aber nicht selten auch Erwachsene herkommen, kann man einen ganz erheblichen Wandel beobachten (die extrem mageren Models in der Modebranche möchte ich einmal beiseitelassen). Also: Viele populäre Sängerinnen zum Beispiel sind im traditionellen Sinne übergewichtig. Und das gilt nicht nur für Beth Ditto oder Lizzo, sondern ohne Weiteres auch für internationale Superstars wie Rihanna oder Beyoncé. Sie wirken selbstbewusst. Es ist müßig, darüber nachzudenken, ob es sich bei diesen Bildern um eine Art längst überfällige Emanzipation der runderen Menschen handelt, schlicht und einfach um den Austausch bestimmter Schönheitsideale, oder um das Verschwinden jeder Selbstkontrolle bei der Nahrungsaufnahme.

Selbstverständlich findet permanent ein Wandel an Idealen statt. Das kann beim Thema Essen auch dazu führen, dass viele weit über das Ziel hinausschießen und dabei nicht mehr nur dick oder korpulent, sondern explizit fettleibig werden. Der entscheidende Faktor dabei ist, dass die neuen Vorbilder anscheinend keinerlei Probleme mit ihrem Übergewicht haben, das Übergewicht nicht mehr als solches sehen, sondern den von massiver Überernährung geplagten Körper zufrieden zur Schau tragen. Wohlgemerkt: Wir wollen hier unterscheiden zwischen dem Ergebnis von Völlerei und den natürlichen Unterschieden bei Menschen in Wuchs und Statur.

## Die verhängnisvolle Rolle der Discounter

Man sollte nicht vergessen, dass die Ernährungslage für den Menschen im Laufe der Geschichte sehr unterschiedlich war. Das Essen in vielen Gesellschaftsschichten war über Jahrhunderte nicht so, dass man davon hätte dick werden können. Überernährung oder gar Völlerei sind kein Thema, wenn weder Geld noch Ressourcen vorhanden sind, um sich mehr als das Allernotwendigste zu leisten. Heutzutage kann sich der Mensch mit einem sehr geringen Einkommen Unmengen an Kalorien kaufen. Weil ich selbst auch immer wieder das Warenangebot bei Discountern studiere und deshalb in Supermärkten zwangsläufig »zu Hause« bin, habe ich mir angewöhnt, genau hinzusehen, wer was kauft. Ich sehe die Kunden, sehe was sie verbal oder nonverbal kommunizieren, wie sie sich verhalten und was sie kaufen. Die Erkenntnisse daraus mögen nicht unbedingt einer wissenschaftlichen Überprüfung standhalten (zum Beispiel, weil man nie weiß, für wen die Kunden eigentlich einkaufen), scheinen mir aber weitgehend evident zu sein. Dass man stark übergewichtige Personen sieht und das, was sie an Nahrungsmittel kaufen, als ein Grund für Übergewicht betrachtet, kommt ganz erstaunlich häufig vor. Ökotrophologinnen und Ernährungsberater würden dem sicher zustimmen und sich angesichts der oft bizarr-einseitig-kalorienreichen Einkäufe die Haare raufen.

Es macht folglich wenig Mühe, den neuen Vorbildern nachzuahmen. Mit einem billigen Mix aus Fetten, Zucker und Kohlehydraten geht eine Zunahme recht schnell, und wenn man dann auch noch die Zeiten selbst dezenter körperlicher Tätigkeiten durch noch mehr körperliche Untätigkeit ersetzt, geht es noch schneller. Es gibt Kritiker, die schon immer darauf hingewiesen haben, dass die Discounter mit ihren teilweise abstrusen Billigpreisen zum Beispiel dem Alkoholismus Vorschub leisten. Dem kann man auch in Sachen Überernährung nur zustimmen. Fressen kostet nichts. Das

Belohnungssystem kann jederzeit bedient werden. Manchmal habe ich den Eindruck, als ob es Leute gäbe, die es cool finden, dick zu sein, die zu ihrer Figur und ihrem Verhalten stehen, es toll finden, sich im Übermaß mit Fett und Zucker zu belohnen und einfach »Spaß haben« wollen, wo es doch ansonsten so wenig zu lachen gibt.

## Überernährung, das sanktionslose Vergnügen

Es gibt längst alle möglichen Studien, die die Überernährung als ein großes gesellschaftliches Problem ansehen, das eine ganze Reihe von schwerwiegenden Folgen hat. Es geht eben nicht nur um gesundheitliche Probleme des Einzelnen, sondern auch um die sich aus diesem Verhalten ergebenden, von der Gesellschaft zu tragenden Folgen. Es geht um die Folgen für die Erziehung und die nächste Generation, um harte finanzielle Probleme, aber ebenso um das Bild einer Gesellschaft, die sich weit von dem entfernt hat, was man unter natürlichem Verhalten verstehen könnte.

Es ist klar, dass im Zusammenhang mit Überernährung und Fettleibigkeit die Fragen nach den Gesundheitskosten gestellt werden. Noch geht es sehr »normal« zu, es gibt also in dem Sinne keine Sanktionen für Menschen, die sich vorsätzlich durch ihr Verhalten in einen Zustand gebracht haben, der intensivere medizinische Kosten verursacht, weil sie sich durch massive Fehl- und Überernährung krank gemacht haben. Die Fragen, die sich hier ergeben können, sind heute noch im Bereich eines Tabus. Sollte es Gesundheitschecks geben, bei denen festgestellt wird, dass ein Kunde der Krankenkasse durch eigenes Verschulden (wir reden hier nicht von den Fällen, die aufgrund einer Krankheit Probleme mit Fettleibigkeit bekommen haben) zu dick ist, daher ein höheres gesundheitliches Risiko hat und aufgrund dessen mehr Beiträge zahlen muss? Hebelt unverantwortliches Ernährungsverhalten den Solidaritätspakt aus? Müssen andere dafür bezahlen, dass es Leute gibt, die machen, was sie wollen, und dann am Ende auch noch verlangen, dass man sich um sie und die von ihnen verursachten Probleme kümmert?

Fragen wie diese können heute aus Gründen der »political correctness« kaum diskutiert werden, werden aber irgendwann einmal eine Rolle spielen – spätestens dann, wenn die Tendenz zu katastrophaler Überernährung anhält und die Gesundheitskosten drohen, aus dem Ruder zu laufen. Möglicherweise werden solche Entwicklungen aber auch längst – wie etwa die zunehmende Zahl von Pflegefällen – in die Versicherungsbeiträge eingepreist.

Man kann in diesem Zusammenhang auch an diverse andere Bereiche des gesellschaftlichen Lebens denken, bei dem das Risiko freiwilliger Aktivitäten beim Abschluss von Versicherungen bewertet wird. Man macht, was man will, aber weil diese Aktivitäten das berufliche Leben unter Umständen beeinträchtigen können, steigen die Versicherungsprämien.

Unabhängig von finanziellen Sanktionen gibt es nach wie vor indirekte Sanktionen gegen übermäßig Dicke. So problemlos sich zum Beispiel jüngere Frauen an üppigen Vorbildern aus den Medien orientieren können, so nüchtern gehen nach wie vor Leute vor, die einen Arbeitsplatz besetzen wollen und bewusst in den Blick nehmen, diesen nicht mit Personen zu besetzen, die in ihren Augen zu dick sind. Welche Denkweise offenbart sich dahinter? Immer noch der Ansatz, dass dickere Menschen maßlos und unkontrolliert sind?

## Essen als die letzte legale Sucht?

Könnte es sein, dass man von bestimmten Nahrungsmitteln wie Nahrungsmengen so abhängig wird, dass dieser Zustand dem einer Sucht ganz ähnlich wird? Fast jeder Mensch kennt mehr oder weniger deutliche Abhängigkeiten von bestimmten Genussmitteln (Alkohol, Zigaretten, Süßigkeiten) oder Drogen – wobei hier einmal die Abhängigkeit von bestimmten Medikamenten auch zu den Drogenabhängigkeiten gezählt werden soll. Vielleicht sollte man eine solche Aussage aber auch noch verschärfen und davon sprechen, dass fast jeder Mensch von irgendetwas, das er sich einverleibt, signifikant abhängig ist, es aber möglicherweise noch nicht gemerkt hat oder noch nicht an den Punkt gekommen ist, an dem diese Abhängigkeit unübersehbar wurde, oder das Bedürfnis schlicht unproblematisch ist (zum Beispiel bei Kaffee oder Tee).

Wenn man der Frage nachgeht, ob Essen die letzte legale Sucht ist, fährt man natürlich ein mächtiges Geschütz auf – weil man die Nahrungsaufnahme, die in anderen Teilen der Welt ein ganz anderes Problem (nämlich einen Mangel an Nahrung) mit sich bringt, in den Rang von abhängig machenden, schädlichen Drogen hebt und wie diese zu schwerwiegenden gesellschaftlichen Problemen führt. Ist das nicht etwas übertrieben? Sagen wir es so: Wenn ein Mensch zu der Einsicht kommt, dass er von der Zuführung bestimmter Dinge geistig und körperlich suchtähnlich abhängig ist, es also nicht schafft, damit aufzuhören, ist das schon ein markantes Ereignis. Denken wir bitte einmal – ich sage jetzt einfach einmal »wir«, weil dieses Erlebnis von sehr vielen Menschen geteilt wird – an die geglückten oder nicht geglückten Versuche, mit dem Rauchen aufzuhören.

Ich persönlich hatte für das Beenden meiner Raucherkarriere zunächst klare medizinische Gründe. Als professioneller Rockmusiker in den 1970er- und frühen 80er-Jahren habe ich sehr ungesund gelebt und mir von allen möglichen Dingen zu viel eingeflößt, und zwar nicht nur von Alkohol und Zigaretten, sondern auch von Drogen (allerdings keine harten). Zu dem Zeitpunkt, an dem ich mit dem Rauchen aufgehört habe, war ich etwa 35 Jahre alt und hatte gerade meine aktive Musikerlaufbahn beendet. Ich war in einem körperlich sehr schlechten Zustand. Ich besuchte einen Internisten mit offenbar besonderem Humor: »Wissen Sie, Herr Dollase,« sagte er, »es gibt keine ernsthaften Probleme, Sie sind soweit in Ordnung«, er machte eine Kunstpause und ergänzte dann »für einen 70-Jährigen!«. Rumms, machte es in meinem Kopf, Volltreffer, ich war schließlich erst halb so alt. Wir beschlossen nach allerlei Diskussionen – zum Beispiel darüber, ob ich bei meiner weiteren Arbeit als Autor und Produzent mit einem gut ausgestatteten Heimstudio denn überhaupt aufs Rauchen verzichten könne – ernsthaft ans Aufhören zu denken. Zu diesem Zeitpunkt stand ich jeden Morgen auf und horchte als Erstes in mich hinein, um festzustellen, wieviel Kopfschmerztabletten und Zigaretten ich brauchte, um mich »fit« zu fühlen. Jedenfalls beschlossen meine Frau und ich eines Tages im Urlaub irgendwo in Schottland von einem Tag auf den anderen, mit dem Rauchen aufzuhören. Die ersten zwei Tage waren schlimm. Es gab Ausbrüche an Aggression, und in langen Schimpftiraden zogen wir über alles und jedes her, wollten mehrfach wieder zur Zigarette greifen und ließen es dann doch sein. Wir waren zu zweit und abgelenkt, irgendwie ging es einigermaßen, und wir bestanden wenig später selbst solche »Prüfungen« wie Klub- und Konzertbesuche in London.

## Die Beschaffenheit von Nahrungsmitteln

Kann man aber auch den Drang nach Essen jenseits des ganz normalen Hungers als eine Sucht bezeichnen? Ist der Mensch nicht Herr seiner Sinne, der souverän beschließt, wann und wieviel er isst, und keineswegs sofort in Probleme gerät, wenn er einmal etwas weniger zu essen bekommt? Die Antwort muss differenziert und dosiert ausfallen, ist damit aber keineswegs harmlos oder folgenlos:

Natürlich windet sich der Mensch bei Nahrungsentzug nicht in Krämpfen auf dem Boden und ist zu gar nichts mehr in der Lage. Aber – es gibt Perspektiven von Abhängigkeiten, die gravierende Folgen haben, und zwar nicht nur für den Esser persönlich, sondern auch für die gesamte Ernährung. Es geht weniger um Entzug als um eine verhängnisvolle Abhängigkeit von Essen, das so »manipuliert« ist, dass es den Konsumenten in ein bestimmtes, kommerziell nutzbares Essverhalten zwingt.

Grundsätzlich scheint es so zu sein, dass der reine Nahrungsentzug kaum etwas anderes als Hunger erzeugt, und dass dieses Hungergefühl alles andere überlagert. Längerer Entzug von Nahrung sorgt für die vielfältigsten Erscheinungen – von großer Schwächung bis hin zu metaphysischen Erlebnissen, wie sie von Leuten berichtet werden, die aus freiwilligen Stücken eine Hungerkur machten. Insofern ist die These, dass Essen die letzte legale Sucht ist, zunächst kaum mit anderen suchtähnlichen Versuchungen vergleichbar.

Wie bei anderen Formen der Sucht jedoch fügt sich der Mensch bei übermäßigem Essen freiwillig einen großen physischen und psychischen Schaden zu, der beträchtliche Auswirkungen auf ihn selbst sowie auf soziale und gesellschaftliche Zusammenhänge haben kann. Mit den Suchtkranken hat die Gesellschaft ähnliche Probleme wie mit stark übergewichtigen Menschen, die dann auch eher als Kranke bezeichnet werden. Während der Konsum anderer abhängig machender Mittel, wie etwa diverser Drogen oder Tabakwaren, bereits in unterschiedlicher Weise gesetzliche Regelungen vom Jugendschutz bis zu Strafbewehrungen erfahren hat, greift man bei den gesundheitsgefährdenden Formen der (Über-)Ernährung bisher nicht ein. Man kann durchaus eine Ähnlichkeit zwischen übermäßiger Ernährung und der Abhängigkeit von bestimmten Mitteln herstellen. Das Essverhalten ist trotzdem legal, auch wenn es erhebliche negative Konsequenzen hat.

Es gibt aber noch eine weitere Dimension der Abhängigkeit, die subtiler daherkommt, kaum je reflektiert wird, aber ebenfalls erhebliche Ausmaße annehmen kann. Teile dieser Dimension werden von der Forschung bereits weltweit attackiert, zum Beispiel, wenn es um den übermäßigen Zuckerkonsum oder den übermäßigen Konsum von Fastfood bei Jugendlichen geht. Mich interessiert an dieser Stelle vor allem, ob eine gewisse Gewöhnung an solche Konsumformen Folgen hat, die zu Abhängigkeiten führen. Bisher versucht man in der Politik (zum Beispiel auf EU-Ebene) mit immer neuen Ansätzen, die Nahrungsmittelindustrie oder auch die Hersteller von Fast Food zu einer Reduzierung von Zucker und Kalorien zu bewegen, um die gesundheitlichen Folgen des Überkonsums einzudämmen. Dabei scheinen die Konsumenten – um einmal ein Bild aus dem Drogenmilieu zu benutzen – regelrecht »an der Nadel zu hängen«. Wenn sie ihre Zuckerdosen und Kalorienbomben nicht bekommen, bekommen sie schlechte Laune und verändern ihr ganzes Verhalten – bis hin zu Entzugserscheinungen, weil der Körper sich auf eine Art Überdosis bereits eingestellt hat. Vor Jahren machte eine Geschichte aus Großbritannien die Runde, wo der britische Koch Jamie Oliver sich für gesunde Schulernährung engagiert hatte, die Schüler dieses gesunde Essensangebot überhaupt nicht wollten, und die Mütter in den Unterrichtspausen Hamburger und Süßigkeiten über den Schulzaun reichten.

Die Abhängigkeit von bestimmten Zucker- oder Kaloriendosen sollte man aber nicht isoliert sehen. Wenn eine bestimmte starke Zuckerung in der Form abhängig macht, dass man immer wieder zu diesen Produkten greifen muss und ansonsten den Eindruck hat, es fehle etwas, dann gilt dies auch für andere »Manipulationen« seitens der Nahrungsmittelindustrie.

Ich kritisiere seit Langem die in meinen Augen schwerwiegende Überwürzung industrieller Fertigprodukte, die eben nicht nur im süßen Bereich zu viel Zucker, sondern auch im herzhaften Bereich Unmengen Salz, Würze und Geschmacksverstärker enthalten. Wer sich an diese Art von Lebensmitteln gewöhnt hat, hat Schwierigkeiten, etwas anderes ebenso gern zu essen, vor allem, wenn es sich um eher naturbelassene Lebensmittel handelt. Ist diese Fixierung auf »gedopte« Nahrungsmittel suchtähnlich? Das kann man sicher so sehen. Versuche wie die, wo man kleinen Kindern ein natürliches Erdbeereis und eines mit intensiven künstlichen Aromen gab, und dann erleben musste, dass sie die künstlichen Aromen bei Weitem bevorzugten und das Natürliche ablehnten, haben schon vor vielen Jahren sehr zu denken gegeben.

Man sollte sich bei dieser Frage, also ob Essen die letzte legale Sucht ist, einmal sehr kritisch selbst überprüfen. Dann hätte Völlerei unter Umständen auch einen Aspekt der Fremdsteuerung, man wäre nicht nur außerhalb der Selbstkontrolle, sondern sozusagen auch noch unter Fremdkontrolle und ein Spielball kommerzieller Interessen, denen nur daran gelegen ist, dass der Mensch zuverlässig (weil abhängig gemacht) möglichst viel von den manipulierten Lebens- und Genussmitteln konsumiert. Sind wir noch frei in unseren Entscheidungen oder ist vieles beim eigenen Essverhalten längst unkontrolliert und manipuliert?

## Ist die Unterschicht dick und die Oberschicht dünn?

Erinnern wir uns an das Bild vom fressenden Deutschen in der Nachkriegszeit, der genug Geld hatte, um die endlich wieder vorhandenen Lebensmittel mit großem Nachholbedarf in Unmengen zu verzehren. Der Gedanke, dass der Dicke keine Witzfigur ist, sondern zeigt, dass er sich Essen in jedem erdenklichen Umfang leisten kann, stammt allerdings nicht erst aus den 1950er-Jahren, sondern spielte auch in früheren Jahrhunderten eine Rolle. Trotzdem sehen Bilder aus vergangenen Zeiten, auf denen ein Chef (männlich!) mit seiner Belegschaft zu sehen ist, gerne so aus, wie eine Bienenkönigin plus Arbeitsbienen: Wer der Chef ist, kann man sehen. Er sieht so aus wie der Chef, und das nicht nur wegen guter Kleidung, sondern meist auch wegen seiner Leibesfülle. Die Dünnen wurden zu solchen Zeiten auch gerne als Leute angese-

Warum nicht? Nach der Völlerei gründlich fasten.

hen, mit denen irgendetwas – sagen wir: nicht so ganz in Ordnung war. Entweder waren sie krank oder schwächlich oder sie hatten kein Geld für viel Essen, zumal man sich in Zeiten, wo es noch keine solche Dominanz der Discounter gab, nicht für wenig Geld Unmengen an Kalorien kaufen konnte, also – um es einmal salopp zu sagen – das industrielle Schnellmastprogramm noch nicht in Hochbetrieb war.

Vor etwa 50 Jahren machte mich mein Gitarrist Bill Barone recht umfangreich mit den Zuständen in Amerika bekannt. Bill war beileibe nicht Ober- oder Unterschicht, sondern eben vor allem ein Rockmusiker, der sich in einer Szene bewegte, die sozial sehr breit aufgestellt war und eigene Werte, Verhaltensweisen und Slangs entwickelt hatte. Er redete häufig abfällig über »White Trash«, womit er einen bestimmten Teil der weißen Unterschicht in den USA meinte. Diese Unterschicht war dick, faul und gefräßig, in höchstem Maße unkultiviert, asozial, aß mit Vorliebe Junkfood oder Fast Food der damals in den USA schon weit verbreiteten Ketten, deren schiere Mengen einen Normalbürger vermutlich völlig überfordern würde. Man praktizierte also Völlerei in Reinkultur. Vor allem aber waren die »White Trash«, der »weiße Müll«, die totale Unterschicht, schon als Kinder und Jugendliche nicht nur dick, sondern regelrecht fett. Ihnen gegenüber standen in den USA auch damals schon Mittel- und Oberschicht, die weit früher als bei uns das Bild eines erfolgreichen Erwachsenen immer auch mit einer gewissen Sportlichkeit verbanden. Man wurde nicht unmäßig dick, sondern blieb irgendwie sportlich, auch wenn im Laufe der Zeit eine gewisse, seriös wirkende Gewichtszunahme und die Abwanderung auf Golfplätze statt in Richtung Strandaktivitäten im Vordergrund stand.

Wer heute in Deutschland nach Sylt oder in ähnliche Destinationen fährt, wird weitgehend das Gegenteil zum früheren dicken, sehr gut und viel essenden Boss erleben. Speziell in den letzten Jahren sind die Manager und Erfolgreichen – ich rede hier jetzt ganz bewusst von weißen Männern – schlank bis hager. Aus Anzügen, die immer so aussehen, als sei man aus ihnen herausgewachsen, kommen dünne Beine und Arme, abgerundet von maßgearbeiteten oder zumindest rahmengenähten Schuhen. Der Knopf über dem Bauch ist geschlossen, die Jacke spannt, und der Schlips ist passé. Die Menschen dieser Spezies wirken eher unter- als überernährt und definitiv nicht so, als ob ein genießerisches Leben außerhalb ihrer Büros für sie wirklich wesentlich sei. Man unterstellt, dass sie auch morgens nach dem Aufstehen schon perfekt aussehen und eigentlich das Frühstück nur als Notlösung ansehen, weil sie schon wieder zu neuen Taten schreiten müssen. Vermutlich machen sie mehrmals am Tag 100 Liegestütze und laufen in jedem Jahr mehrere Halbmarathons – wenn sie nicht gar Triathleten sind. Kurz und klar: die Oberschicht ist – zumindest in diesem Business-Sektor – schlank bis dünn. Ihre ihnen zugeordneten Frauen (die »Sylter Hühner«, nannte sie einmal despektierlich der Restaurantleiter eines Sylter Restaurants) stehen dem in nichts nach, haben allerdings die Tendenz, den Bogen manchmal etwas zu überspannen. Wenn man sie von hinten sieht, vermutet man ein Teenie oder eine junge Frau mit Essstörungen. Drehen sich die Damen im Teenie-Look um, ist man nicht selten geradezu erschrocken über alte, schon stark faltige Gesichter, die so gar nicht zum sonstigen Erscheinungsbild passen wollen. Noch stärker als bei ihren Männern kann man bei dieser Art von Oberschicht-Damen zu 100 Prozent sicher sein, dass sie eben zu dieser Schicht gehören. So etwas ahmt sonst – anders als bei den Männern – kaum jemand nach.

Ob man nun pauschal sagen kann, dass die sogenannte Oberschicht dünn und die sogenannte Unterschicht dick ist, hängt natürlich immer ein wenig davon ab, wie wichtig für bestimmte Leute die Zugehörigkeit zu einer bestimmten sozialen Gruppierung ist. Offensichtlich ist aber, dass es im Moment eine beträchtlich große und finanzstarke Schicht gibt, für die »dünn« ein positiver Wert ist. Ein schlechter körperlicher Zustand (als solcher gilt das Dicksein in diesen Kreisen) signalisiert vor allem, dass man sich nicht unter Kontrolle hat. Zunächst erscheint dies irrelevant zu sein, doch kommt es immer wieder zu Zusammentreffen dieser verschiedenen Gruppen – und dann spielt die Leibesfülle plötzlich eine wesentliche Rolle.

Wer würde – und das schon als Zweigstellenleiter bei ALDI – einen jungen, dicken Mann an die Kasse setzen, der schon Schwierigkeiten hätte, seinen Platz auf dem Stuhl vor der Kasse einzunehmen? Wer würde Übergewichtige einstellen, wenn es entfernt darum geht, dass der Kunde die Mitarbeiter einer Firma auch als Imageträger vertreten soll? Übergroße Leibesfülle wird immer noch nicht nur als körperlicher, sondern auch charakterlicher Makel angesehen. In vielen Bereichen scheint es evident zu sein, dass die Folgen übermäßiger, unkontrollierter Ernährung auch auf eine entsprechende, in allen Bereichen wirksame negative Disposition schließen lassen.

Wenn man die aktuelle Aufteilung in Oberschicht = dünn und Unterschicht = dick einmal aus einer etwas geschichtlicher orientierten Position heraus betrachtet, fällt auf, dass sie an eine Wiederkehr der mittelalterlich-kirchlichen oder auch allgemein religiösen Vorstellungen vom Verhältnis des Menschen zur Ernährung erinnert. Damals wurde das genießerische Interesse an leiblichen Vergnügungen oft als eine Art Abweichung vom Pfad der Tugend angesehen. Analog könnte man dann heute vielleicht sagen: »Du sollst keine Götter neben mir haben, also dich der Firma widmen und nicht ständig daran denken, wie du dich deinem eigentlichen Vergnügen widmen kannst, dem Essen.« Und damit landet man ganz schnell bei der Überzeugung: Die Sünder sind dick, die Versager sind dick, beide haben sich und ihr Leben nicht richtig unter Kontrolle. Wie immer liegt jedoch die Wahrheit in der Mitte.

## Das schlechte Gewissen: Ist Völlerei verantwortungslos?

In einer merkwürdigen Verdrehung der Fakten wird die Feinschmeckerei regelmäßig dem Vorwurf ausgesetzt, sie sei so etwas wie eine spezielle Form der Perversion. Das gilt vor allem dann, wenn es um das Vertilgen von Tieren geht, die beim Normalbürger nicht auf der Speisekarte stehen. Bei manchen fängt das schon bei Wachteln an, andere denken an Pferdefleisch oder Biber, Schnepfen und anderes Getier. Dass, global gesehen, so gut wie alles gegessen wird, was man irgendwie essen kann, wird dabei meist außer Acht gelassen. Dass man zu anderen Zeiten Anderes gegessen hat, ebenfalls. Als ich einmal ausführlich über ein Restaurant in

Purbach am Neusiedler See geschrieben habe, das auf die Zubereitung von Innereien und heute eher selten in der Küche verwendeten Tieren spezialisiert ist, konnte ich erleben, dass selbst gestandene Gourmets gewisse Probleme mit diesem Programm hatten. Es ging zum Beispiel um alles vom Pferd, also etwa ein Carpaccio vom Pferdehirn, sämtlichen Innereien wie Pferdeherz, Lunge oder Milz, geschmorten Biber und den wirklich etwas merkwürdig-fischig wirkenden Biberschwanz. Dass zum Beispiel Pferdefleisch in allen Varianten in dieser Gegend lange Zeit noch ein normales Nahrungsmittel war (und teilweise noch ist), wurde von der Kritik nicht berücksichtigt.

Worauf ich hinaus will, ist aber nicht die Ablehnung bestimmter Realitäten, sondern die mittlerweile immer häufiger aufkommende Verknüpfung von Essen und Moral. Die Aggressivität von Vegetariern und Veganern oder die der Stopfleber-Gegner ist längst Legende und muss hier nicht ausführlich diskutiert werden. Was aber eine Rolle spielen sollte, ist ein Vorwurf, den man selten hört – noch nicht einmal von den Kirchen bei ihren Fastenaktionen oder anderen Verbänden, die zum Kampf gegen den Hunger in armen Ländern aufrufen. Man wählt den analogen Weg und bittet um Geldspenden. Was fehlt, ist die Überlegung, ob man nicht allein mit dem, was in einem Land wie Deutschland zu viel gegessen wird, allen Hunger dieser Welt beseitigen könnte. Da wird zum Beispiel von den Kirchen oder ökologischen Bewegungen (im weitesten Sinne) gegen die Verschwendung von Nahrungsmitteln protestiert, da wird die Verwendung aller Teile von Tieren oder Gemüsen in der Küche angemahnt oder daran gearbeitet, sich Produkte für die Küche nutzbar zu machen, die im Moment kaum eine Rolle spielen (wie etwa essbare Pflanzen aller Art). Das Zuviel, der Überkonsum, das Essen über den Hunger und den Bedarf hinaus wird kaum jemals thematisiert, obwohl dieser Ansatz eigentlich sehr naheliegend wäre.

Ist also Völlerei, also die systematische wie auch immer bedingte Überernährung, verantwortungslos? Sammeln sich auf den Hüften von Kindern und Jugendlichen, wohlbeleibter Damen und runden Herren jene Kalorien, die man in weiten Teilen der Welt dringend brauchen könnte, um vor allem das Verhungern von Kindern in den Griff zu bekommen? Pflegen wir eine Form von Genuss, die einfach aus der Spur gelaufen ist, die systematische Überernährung als Norm installiert hat und dem Rest der Welt das Essen wegnimmt?

Diesem Vorwurf kann man erst einmal kaum etwas entgegensetzen und für das zugrunde liegende Problem gibt es bestenfalls langfristig eine Lösung. Ja, die oft tägliche Völlerei, das »ganz normale Komaessen« ist – global gesehen – verantwortungslos und eine Verschwendung von Ressourcen, deren negative Folgen für das Individuum und die Gesellschaft auch noch teuer und problematisch sind. Dieser Zusammenhang gehört zu den eher tabuisierten Themen unserer Gesellschaft. Dass man im Grunde meint, die Hungernden seien an ihren Problemen selbst schuld und in diesem Zusammenhang gern Probleme wie zum Beispiel eine mangelnde Geburtenkontrolle anführt, gehört zu den Standards einer durch und durch unlogischen und eindimensionalen Diskussion. Auch der mögliche Konter, wer so etwas sage, wolle den Leuten ihr Vergnügen nehmen, schießt bei Weitem über das Ziel hinaus. Niemand will den Leuten ihr Vergnügen nehmen, und wer könnte das schon, wo doch unsere Ernährung suchtähnliche Dimensionen angenommen hat. Nein, dem Vorwurf des Überkonsums müssen wir uns stellen, wenn es um größere Zusammenhänge geht.

Ein Lösungsansatz wäre eine kulinarische Sensibilität im Umgang mit Lebensmitteln, die es bisher nur bei sehr wenigen Leuten gibt. Als Nebeneffekt würden sich die Themen Tierwohl und Ökologie/Nachhaltigkeit von selbst beantworten.

## Genuss als Tarnname für Völlerei

Eine spezielle Bedeutungsvariante des »Völlerei«-Begriffs findet sich in der Feinschmeckerei. Sie läuft darauf hinaus, dass das übermäßige Essen nicht als Makel oder suchtähnliches Verhalten gesehen wird, sondern ganz im Gegenteil als eine durchaus gesellschaftlich-kulturell akzeptierte Variante. Bekannt wurde dieser Effekt auch mit der Unterscheidung zwischen Gourmet und Gourmand, wobei der Gourmet derjenige ist, der sich vor allem für Finesse, für das Erforschen und Wahrnehmen von Details und Unterschieden interessiert. Der Gourmand ist der Gerneesser, der vor allem möglichst oft viel und gut isst. Fast jeder Mensch kennt »Bonvivants«, denen in jeder Lebenslage vor allem immer Essen einfällt, die jederzeit für gutes und reichliches Essen zu begeistern sind, die überhaupt nicht daran denken, abzunehmen oder sich zu mäßigen wegen ihrer Leibesfülle. In Frankreich gibt es ein Buch von meinem Kollegen Gilles Pudlowski mit dem Titel »Les Grandes Gueules« (»Die großen Schlunde«), in dem er aus dem ganzen Land Restaurants vorstellt, deren Besitzer oder Köche dem – sagen wir: üppigen und traditionellen Essen in eher großen Portionen sehr zugetan sind. Ich kenne einige dieser Restaurants. Wer dort meint, er müsse eine Vorspeise, ein Zwischengericht und ein Hauptgericht bestellen, wird schon mal von Service-Mitarbeitern darauf hingewiesen, dass das aber eher viel sei. Im Prinzip geht es dort also ähnlich wie in vielen Restaurants in Deutschland zu, wo ebenfalls große Portionen hochgeschätzt werden und sogar eine Vorspeise schon zu den Besonderheiten zählt. Völlerei dieser Art scheint noch aus früheren Jahrhunderten zu stammen.

Anders als ein unmäßiger Esser, der oft schon durch sein Essverhalten am Tisch auffällt, kann diese Art des Gourmands durchaus gesittet auftreten und seine Gelage mit feinen Gesprächen und einem durchaus kultivierten Verhalten begleiten. Gerade da, wo sich zum Beispiel Leute zu gutem Essen und guten Gesprächen treffen, geht es oft völlig unter, welche Mengen eigentlich gegessen und getrunken werden. Das gute Image, das die Genießer dieser Art oft auch bei Intellektuellen besitzen, ist eine perfekte Tarnung für den Hang zu übermäßigem Essen oder auch zu Essen als letzter legaler Sucht (siehe oben). Solche Leute gelten zudem oft als kommunikativ, als locker, unverkrampft oder als Leute, mit denen man sich – wenn es denn um Verhandlungen aller Art geht – gut auf irgendetwas einigen kann.

In diesem Zusammenhang wundert es nicht, dass die oft umfangreichen Menüs von Gourmetrestaurants kaum je als Völlerei gesehen werden. Obwohl die Mengen genau das Gegenteil beweisen, schafft der zivilisierte Rahmen ein Bild, das alles andere überlagert. Aber – es gibt viele Leute, die beim Verlassen solcher Restaurants das Gefühl haben, viel zu viel zu sich genommen zu haben.

Für mich persönlich schleicht sich hier eine interessante Beobachtung ein, die eng verbunden ist mit der Faszination eines großen Essens. Selbst wenn ich das Gefühl habe, schon eine Menge gegessen zu haben, kann ich nahezu unbegrenzt Essen zu mir nehmen, da das Interesse an Interessantem jede Sättigung überlagert. Je mehr also ein Essen auch »geistige Nahrung« ist, desto mehr kann ich meinen Körper belasten. Hat diese Beobachtung vielleicht etwas mit einem Adrenalinüberschuss in »Notsituationen« zu tun? Spüre ich keine Sättigung, keine Überfüllung, weil der Körper mit seinen Problemen ausgeschaltet ist?

Auch an diesem Punkt öffnet sich also der Horizont noch einmal und deutet darauf hin, dass man die so offensichtlich häufig gestörte Balance von Appetit und Sättigung noch einmal unter anderen Aspekten sehen kann oder vielleicht sogar sehen muss. Und deshalb geht es im Schlusskapitel dieses Buches um »Keine Völlerei«, sondern um ein Plädoyer für Genuss – wenn auch manchmal mit ein klein wenig Reue.

# Keine Völlerei – Genuss mit nur ein wenig Reue

Wir haben gesehen, dass es so etwas wie Völlerei gibt, dass diese Form der kaum gesteuerten Überernährung viele individuelle und gesellschaftliche Probleme mit sich bringt und dass ein Verhalten, dass zu Völlerei führt, unter Umständen mit Vorwürfen behaftet sein kann. Insofern könnte der Eindruck entstehen, dass alles, was in dieser Richtung zu beobachten ist, letztlich vor allem negativ gesehen werden muss, und das Bild vom fröhlichen Dicken oder von Leuten »die zu ihren Pfunden stehen« (wie es immer wieder mal in den Medien genannt wird), immer einen schalen Beigeschmack hat. Es wird Sie insofern vielleicht wundern, dass jetzt am Ende dieses Buches trotzdem eine Lanze für den Genuss gebrochen wird, und zwar auch für jene speziellen Momente, in denen es vielleicht objektiv ein wenig zu viel wird. Der Mensch ist eben nie ganz das eine oder das andere Extrem, und in einer guten Balance liegt nicht nur in unserem demokratischen System der Schlüssel zum Wohlbefinden aller. Aber: Den Begriff Balance kann man sehr unterschiedlich deuten. Er meint nicht, dass alles und jedes auf ein Mittelmaß zusammengestrichen wird, dass die Mäßigung in jeder Sekunde unseres Lebens greift und jeder Anflug von Überschreitung des Mittelmaßes gleich zu Sanktionen führt. Der Ausgleich der Interessen in einer Gesellschaft sieht schließlich vor, dass es unterschiedliche Ansätze, Denkweisen und Lebensformen gibt, sie aber daraufhin untersucht werden, ob sie andere zu stark beeinträchtigen. Freiheit ist auch (aber eben nicht nur …) die Freiheit des Andersdenkenden, Freiheit ist die Möglichkeit, sich in einem notwendigen Rahmen frei zu bewegen, und sie endet dort, wo die Freiheit des nächsten beginnt. In demokratischen Systemen dürfte sich so die Balance halten.

Auf die Völlerei bezogen wurde diskutiert, ob Menschen, die sich aus freien Stücken bei ihrer Ernährung extrem verhalten, die Grenzen einer gesellschaftlichen Balance überschreiten und die Gesellschaft mit ihrem Verhalten einseitig belasten. Es wurde diskutiert, ob ein solches Verhalten sanktioniert werden muss, sanktioniert werden kann oder eben nicht, und ob es in der Gesellschaft ein erwünschtes oder ein unerwünschtes Essverhalten geben kann. Was also ist »drin«, was ist so, dass wir Völlerei nicht negativ sehen sollten, was nützt uns dieses Verhalten vielleicht sogar und wo ist es eine Bereicherung – auch wenn es hin und wieder einmal an die Grenzen geht?

## Warum lustfeindliche Konzepte scheitern müssen

Es gibt viele Konzepte, den Menschen davon zu überzeugen, dass man sich besser fühlt, wenn man eine bestimmte Art der Nahrung zu sich nimmt. Das Programm reicht von allen möglichen Vorschlägen zur Gewichtsreduzierung bis hin zu »Super Food«-Produkten, in denen angeblich so viel Gutes steckt, dass man sich auch entsprechend »super« fühlen soll. Ein besonders großes Thema ist die Bio-Küche, die allerdings von vielen Leuten so intensiv mit Bioläden und einer Art von Weltanschauung verbunden wird, dass es durchaus abschrecken kann. Ich persönlich empfinde die Atmosphäre in vielen Bioläden als ausgesprochen verspannt und vor allem wenig genussbetont. Man exekutiert ein Konzept und scheint sich auf das Essen höchstens moderat zu freuen. Ich habe schon verschiedentlich darauf hingewiesen, dass das Essen von Bioprodukten sicherlich sehr sinnvoll ist, aber ihre »Verpackung« (also die Art, wie man sie unter die Leute bringt) noch nicht stimmig genug ist, um eine größere Personenzahl zu überzeugen. Bevor ein gestandenes deutsches Mannsbild – ist man versucht zu sagen – einen großen gemischten Salat als Hauptmahlzeit akzeptiert, wird noch viel Wasser den Rhein hinunterfließen. Wenn

Im Trend: Super Food

Bio-Gerichte oder vegane oder vegetarische Küche wirklich reüssieren wollen, müssen sie gegen die Attraktivität der üblichen Formate antreten (aber ganz bestimmt nicht, indem man Fleisch nachahmt …). Es muss bewiesen werden, dass man mit diesen Veränderungen exzellent genießerisch umgehen kann, und Leute, die diesen Konzepten misstrauisch gegenüberstehen, einen echten Ersatz anzubieten hat.

Vor diesem Hintergrund muss auch jedes Konzept scheitern, das dem Menschen eine spezielle Form des Genießens austreiben will, nämlich das Essen bis zur genüsslichen »Füllung«, bis zu dem Punkt, an dem man sich zurücklehnt und sagt: »Das war wunderbar, aber jetzt kann ich wirklich nicht mehr!« Wer das Nippen an einem Salätchen hier und das ernsthaft konzentrierte Essen von seltenen Kräutern oder Mini-Portionen zur alleinseligmachenden Philosophie erheben will, wird erst einmal gründlich scheitern, weil er die psychischen Mechanismen des Essens, den Lustgewinn, den unstillbaren Appetit, und vor allem die Befriedigung körperlicher Gelüste durch gewisse Mengen nicht berücksichtigt. Das kastrierte Essen – um es einmal etwas pointiert zu formulieren – ist erst einmal das unnatürlichere. Natürlich kann man darüber diskutieren, ob sich beim Menschen rund ums Essen eine »Natürlichkeit« gebildet hat, die eigentlich keine ist, sondern vielfach manipuliert oder auch seinen Schwächen geschuldet ist. Die Glücksmomente, das Belohnungssystem und anderes in dieser Richtung wird man erst einmal nicht vom Tisch bekommen.

Das bedeutet freilich nicht, dass es nicht anders ginge. Natürlich ist es denkbar, eine Art der Nahrungsaufnahme zu kultivieren, die mit der triebbefriedigenden Völlerei überhaupt keine Ähnlichkeit mehr hat. Ich habe dafür ein Konzept entworfen, bei dem es rund um einfache und preisgünstige Produkte vor allem um sehr viel mehr Sensibilität gegenüber dem Essen geht (erschienen in meinem Buch »Pur, präzise, sinnlich«). Aber – wenn man es genau betrachtet – wird diese Art des Essens dadurch »komplettiert«, dass man an Stelle der Triebbefriedigung durch Völlerei und Komaessen eine sublimere, aber sehr viel komplexere Form der Wahrnehmung setzt. Das Essen wird durchaus zur Erfüllung bestimmter psychologischer Aspekte genutzt und kann dann – etwas überzeichnet beschrieben – so etwas wie eine philosophisch-psychologische Überkompensation bedeuten, bei der man keine größeren Mengen mehr braucht. Und das kann wiederum durchaus eine – wenn auch ganz andere Art – von Lustgewinn sein. Die Intensivierung wäre dann nicht lustfeindlich, sondern würde eine andere Form der Lust befriedigen. Und – auch ein solches Konzept würde sich von »ausgebremsten«, lustfeindlichen, nicht wirklich den ganzen Menschen betreffenden Konzepten deutlich unterscheiden.

Wenn ich heute ein verfeinertes Essen genieße, bei dem Kalorien kein Thema sind, bei dem es vielleicht um feinste Nuancen mit bekannten wie unbekannten Produkten geht, kann es ohne

Weiteres sein, dass ich unbedingt der Meinung bin, einen kompletten kulinarischen Lustgewinn erlebt zu haben. Als ich einmal mit meiner Frau bei René Redzepi in Kopenhagen im »Noma« war, hatten wir bei rund 25 Gängen der hochinteressanten, aber definitiv kalorienarmen Art sicherlich ein solches Gefühl. Das Essen dauerte von 12 Uhr mittags bis gegen 16.30 Uhr. Danach fuhren wir zurück zum Flughafen und hatten noch etwas Zeit. Noch vor 20 Uhr bekamen wir wieder Hunger und Appetit. Für uns war ein solches Essen, das Brauhausfreunde ohne Frage als lustfeindlich bezeichnen könnten, sozusagen durch Verlagerung des Lustzentrums ein sehr großer Genuss. Und wenn ich den Zustand der Überfüllung durch traditionelle Lieblingsessen damit vergleiche, kann ich durchaus nicht behaupten, der »alternative« Lustgewinn wäre geringer. In seiner ganzen Intensität und Nachhaltigkeit halte ich ihn sogar für größer. Mittlerweile beschreibe ich das Essen bürgerlicher Küche, wie es oben bei der Analyse der Komaesser beschrieben ist, als »genussreduziertes« Essen, weil der Genuss eben ausschließlich auf einige wenige eher körperliche und nur in sehr begrenztem Maße psychologisch bedingte Momente reduziert ist. Insofern sind lustfeindliche Konzepte auch dann zum Scheitern verursacht, weil es eben nicht nur um Mengen und Triebbefriedigung geht.

## Mäßigung muss nicht Gleichmaß bedeuten

Es ist im Grunde ein merkwürdiges Verhalten, wenn man beim Essen nur das Gleichmaß sucht. Natürlich ist der Mensch in vielen Bereichen ein Gewohnheitstier und braucht zur Verringerung der ansonsten nicht zu beherrschenden Komplexität seiner Umgebung in vielen Bereichen die Reduktion von Komplexität durch Routinen. Das Essen speziell im häuslichen Bereich oder auch bei dem, was man mit zur Arbeit nimmt oder rund um seine Arbeit zu sich nimmt, ist bei vielen Leuten einem extremen Gleichmaß unterworfen. Manche essen seit Jahrzehnten exakt das Gleiche zum Frühstück und finden es immer noch so gut, dass sie auf jede Abweichung unwillig reagieren. In vielen Haushalten gibt es als warmes Essen nur einen winzigen Kanon von immergleichen Gerichten, und selbst in einem Restaurant essen sie am besten nichts, was davon allzu sehr abweicht. Ein solches Verhalten scheint Völlerei und unkontrolliertes Übermaß nicht zu kennen, sodass die allfälligen Gewichtszunahmen mit steigendem Alter wohl eher etwas mit dem Mangel an Kalorienabbau zu tun haben. Tatsächlich bewegt man sich aber grundsätzlich auf einem zu hohen Niveau: Wer einmal wie ein Schwerstarbeiter isst, gewöhnt sich anscheinend an Kalorienmengen, die er nicht braucht.

Die Zurückhaltung beim Essen wird dennoch bei vielen Leuten im Laufe der Zeit aus völlig unterschiedlichen Gründen zu einem Dauerthema. Mal sind es gesundheitliche Gründe, mal ästhetische, mal geht es hin und her zwischen beidem, mal ist es einfach das Gefühl, zu viel zu essen, mal reduziert man als Effekt auf die ständig präsenten Einflüsterungen zum Thema Ernährung. Die – wie auch immer bedingte – Zurückhaltung schwappt allerdings sogar in einen Bereich, wo man sie nicht unbedingt vermuten sollte: Ich sitze manchmal in sehr guten Restaurants und frage mich, warum die Dame hier oder der Herr dort ausgerechnet an diesem Ort bei der Bestellung verkünden, sie würden gerade eine Diät machen und möchten nur einen kleinen Salat. Ist das nötig? Muss die Kontrolle des eigenen Essverhaltens – so man sie denn will – unbedingt eine sein, die von morgens bis abends das Leben bestimmt? Hat man die Sorge, wie ein Alkoholiker oder Drogenabhängiger wieder rückfällig zu werden, wenn man nach dem Hauptgang auch noch Käse und anschließend ein wunderbar schokoladiges Dessert bestellt?

Für mich ist es eine bedrückende Vorstellung, ohne Not oder gesundheitlich bedingte Zwänge beim Essen ständig neben sich zu stehen und sich daran zu erinnern, dass man sich gesünder, vorsichtiger oder reduzierter ernähren will. Ich halte ein solches unflexibles Verhalten für unnötig und in gewisser Weise auch für nicht wirklich dem Menschen entsprechend. Wer Genuss immer moderieren will, verzichtet auf eine ganze Reihe der schönsten Dinge, die man sich als Mensch gönnen kann.

Ich persönlich kenne den Wechsel von zu viel zu normal seit Jahrzehnten und habe damit weder Probleme noch möchte ich ihn überhaupt missen. Auch das Kochen größerer Menüs für Freunde zu Hause ist eine Sache, die ich – selbst bei scheinbar gegenteiligen Fakten, also einer größeren Menge von Essen und Trinken – nie als Völlerei bezeichnen würde. Ein großes Menü mit Freunden hat eine eigene Dynamik, die viel mit Familienfeiern zu tun hat. Solche Menüs finden eher selten statt, man sieht das umfangreiche Essen als eine Besonderheit, man kommt in einer Art anderen Aggregatzustand, den man auch durchaus auskosten will oder sollte, weil er zu den Besonderheiten im Alltag gehört. Mit dem täglichen Wahnsinn der heillosen Überernährung hat das wenig zu tun und mit einer Abhängigkeit von bestimmten Nahrungsmitteln auch nichts. Tatsächlich kann man davon ausgehen, dass kaum ein Mensch im Zusammenhang mit solchen Feiern oder feierlichen Anlässen auf die Idee käme, dass dies in irgendeiner Weise problematisch sei. Ob es problematisch sein kann, ist eine ganz andere Frage. Das vernünftige, allseits – sagen wir: nur begrenzt problematische Essverhalten kann sich ohne Weiteres aus viel und weniger viel zusammensetzen. Vielleicht empfiehlt es sich sogar, diesen Wechsel möglichst natürlich stattfinden zu lassen, weil sich immer wieder zeigt, dass das Gleichmaß schnell zu viel wird, und ein Zuviel an Gleichmaß schnell ein Problem. Essen Sie also unordentlich (!) ist man versucht zu sagen, mal so, mal so, und vergessen Sie vor allem nicht, sich die Freuden großer und großartiger Gerichte zu bereiten.

Und weil ein gutes Menü ein spezielles Ereignis mit besonderen, sagen wir: psychisch aktiven Elementen ist, möchte ich hier einmal die Struktur eines Menüs beschreiben, wie es bei uns immer wieder stattfindet. Wir bitten unsere Gäste (in der Regel selten mehr als zwei, weil sich so eine ganz andere Konzentration und Intensität ergibt), so pünktlich wie möglich zu sein. Dafür habe ich zwei Gründe, und sie haben nichts mit Regeln oder Druck zu tun, sondern zum einen mit einer vielleicht etwas größeren Spannung, die sich auf diese Weise ergibt, zum anderen mit küchentechnischen Abläufen. Ich koche allein und habe minutiöse Garzeiten und Vorbereitungen. Wenn die Abläufe stimmen, kann ich ganz entspannt kochen und die Qualität ist genau so, wie ich das geplant habe. Unsere Gäste erleben das offensichtlich als spannend und entspannend zugleich. Ein »unstrukturiertes Herumsitzen« und Warten auf den nächsten Gang (was zumindest auf dem Papier angeblich viele Leute für besonders erstrebenswert halten) mag zwar entspannt klingen, ist es aber nicht, weil der menschliche Körper bei solchen Essen einen ganz bestimmten Rhythmus braucht. Völlegefühle stellen sich am ehesten ein, wenn die Pausen so groß sind, dass der Körper schon auf Verdauung geschaltet hat. Dann verschwindet der Appetit und man meint, es sei alles zu viel ... das nur am Rande. Natürlich gibt es einen entspannten Aperitif oder ein Glas Champagner. Dann aber kommen zügig einige Kleinigkeiten und durchaus zügig auch weitere kleine Gänge. Die Weine wechseln, die Gerichte sind nicht uniform, sondern sehr unterschiedlich, und die Portionen immer eher klein. Der einzige tatsächlich etwas üppiger gefüllte Teller kommt als Hauptgericht, zu dem in der Regel auch ein besonders guter Wein serviert wird. Danach habe ich als Koch erst einmal Pause und kann in Ruhe mit den Gästen reden. Wir wechseln den Raum und servieren Käse und Rotwein. Das ist jener Teil des Menüs, wo vor allem viel erzählt wird, der kommunikative Teil – wenn man so will –, die Entspannung nach einer spannenden Folge von Gerichten. Es kann gut sein, dass es eine weitere Flasche guten Weins gibt, es gibt unser frisch gemachtes Brot zum Käse, jeder nimmt sich, was er möchte. In dieser Phase tut in der Regel der Wein seine Wirkung – auch wenn man gar nicht so viel getrunken hat. Ob man satt ist oder nicht, fällt kaum auf, oder besser gesagt: Es fällt kaum ins Gewicht. Oft ergibt sich dann die Lust auf etwas Süßes. Ich merke normalerweise genau, wann es so weit ist, wann der Spannungsbogen so ist, dass es ans Dessert gehen kann. Es gibt immer ein eher aufwändiges Dessert, das aber gut vorbereitet ist und recht schnell serviert werden kann. Danach (das merkt man ebenfalls sehr gut) kann nur noch Kaffee oder etwas ganz Spezielles kommen. Zumindest im Winterhalbjahr serviere ich gerne meinen »Zaubertrank«, eine Art gewürzten Kakao, der so dick ist, dass man ihn mit dem Löffel isst, und dessen Geschmack dank einiger sehr spezieller Gewürze den meisten Gästen völlig unbekannt ist. Wir runden mit Espresso ab, und je nach Lage der Dinge können wir auch noch auf eine sehr gute Sammlung von Spirituosen zurückgreifen, darunter eine ganze Reihe von Produkten, die kaum jemand kennt. Der mehrfache Wechsel aus Spannung und Entspannung überlagert deutlich das Gefühl, zu viel gegessen zu haben. Als Gast ist man verwöhnt worden, man hat eine Vielzahl von unterschiedlichen kulinarischen Erfahrungen gemacht, man ist nicht Opfer von suchtähnlichen Abhängigkeiten, sondern hat bewusst eine Erlebnisform angestrebt, die nicht alltäglich ist. Am nächsten Tag wird ganz automatisch nicht so viel gegessen wie sonst. Es ist nicht nötig. Aber – ist das ein Problem?

## Aufforderung zur kontrollierten Völlerei oder: Zehn Tipps, um mehr essen und genießen zu können

Viele Leute, die sich nicht unbedingt falsch oder im Übermaß ernähren, die aber gerne an großen Festessen teilnehmen oder auch gerne große Menüs in Gourmetrestaurants essen, machen sich den Genuss manchmal schwerer als nötig. Ich habe das Problem mit dem Essen im Übermaß häufig, und ich bin im Laufe der Zeit dazu übergegangen, ein paar Dinge zu beachten, die einem das Leben leichter machen können. Hier also ein paar kleinere Handreichungen dazu:

### Tipp 1: Sorgen Sie für eine gute Ess-Form

Unabhängig von Ihrem aktuellen Appetit, sollten Sie vor einem großen Essen dafür sorgen, dass Sie nicht nur wirklich Hunger haben, sondern sogar schon am Tag vorher sozusagen etwas Platz geschaffen haben. Es kann sein, dass sie aus irgendwelchen Gründen in dem Moment, wo es an ein großes Essen geht, keinen Appetit haben. Wenn Sie vorher wenig gegessen haben, brauchen Sie sich trotzdem kaum Sorgen zu machen. Der Effekt wird Sie überraschen. Sie können nicht nur alle Genüsse vollständig mitnehmen, sondern es wird Ihnen auch noch deutlich besser schmecken.

### Tipp 2: Essen Sie sich langsam »warm«

In vielen guten Restaurant bringt man Ihnen gleich zu Beginn des Essens eine Brotauswahl nebst Butter und/oder Olivenöl, die manchmal ausgesprochen gut und sehr verführerisch sein kann. Seien Sie vorsichtig damit! Speziell, wenn Sie mit einem soliden Hunger im Restaurant ankommen, kann es schon einmal passieren, dass sie dem Brot zu schnell zusprechen und im Prinzip schon satt sind, wenn das Essen noch gar nicht angefangen hat. Wer ein großes Menü essen will, muss sich also langsam warm essen.

### Tipp 3: Machen Sie keine allzu großen Pausen

Eine der schlimmsten Verhinderer auf dem Weg zu einem möglichst unbeeinträchtigten Genuss sind zu große Pausen beim Essen. Wenn die Pausen zu groß sind, mögen zwar unter Umständen die Unterhaltungen munter und interessant sein, der Körper aber schaltet auf Verdauung. Und wenn er einmal auf Verdauung geschaltet hat, dann will er seine Ruhe haben und nicht wieder frisches Material bekommen. Der Körper reagiert in dieser Phase mit Sättigung, selbst dann, wenn man noch gar nicht so viel gegessen hat. Wenn man also mitten in einem großen Menü steckt und aus irgendwelchen Gründen fällt es der Küche schwer, den nächsten Gang zeitnah zu servieren, kann das ausgesprochen kontraproduktiv sein.

Wir waren einmal in einem Bio-Restaurant in der Camargue, das wunderschön einsam in der Landschaft liegt, mit hochinteressanter Küche. An diesem Mittag gab es aber in »La Chassagnette« irgendwie Probleme mit dem Ablauf. Wir hatten das große Degustationsmenü bestellt und mussten auf jeden Gang rund 45 Minuten warten. Es dauerte nicht lange und der oben genannte Effekt stellte sich ein. Und weil es nach der ersten Pause noch weitere Pausen gab, wurde das Essen trotz aller Leichtigkeit der Gerichte zu einer echten Qual. Ein gutes Menü braucht immer eine gute Zeitregie und sollte wie eine exakt geplante Vorstellung ablaufen, die einen ganz klaren Spannungsbogen verfolgt. Die Frage, ob man den Hauptgang direkt serviert bekommen möchte, sollte man immer bejahen. Glauben Sie mir, das ist deutlich besser.

### Tipp 4: Essen Sie langsam, aber fließend

Auf dem Weg zu größtem Genuss trotz übergroßer Mengen ist es im Zusammenhang mit den Pausen auch wichtig, einen guten Rhythmus zu entwickeln. Wer – was erstaunlich oft gerade bei professionellen Köchen vorkommt, wenn sie in einem anderen Restaurant zu Gast sind – das Gericht serviert bekommt und sofort zügig beginnt zu essen, mutet dem Körper ebenfalls eine unnötige Belastung zu, das er nicht honorieren wird. Es ist viel besser, wenn man sich auf die Details eines guten Gerichts konzentriert und langsam, aber ohne Pausen, alles probiert, was es da zu probieren gibt. Insofern gibt es hier die Aufforderung, sich seinen eigenen Spannungsbogen zu kreieren und auf diese Weise auch konzentrierter zu essen. Sie essen dann langsamer, aber dafür werden die Pausen kürzer. Ich persönlich frage manchmal – vor allem wenn wir an einem Tag mittags und abends essen – mittags den Service, ob wir die drei Gänge oder auch ein Menü in einer bestimmten, eher knapp bemessenen Zeit bekommen können – meist mit der Entschuldigung, dass wir noch einen Termin hätten. Ich habe festgestellt, dass ein einigermaßen zügiges Mittagessen sehr viel entspannter ist.

### Tipp 5: Seien Sie vorsichtig mit Mineralwasser

Es ist vielleicht eine kleine Überraschung, aber wenn Sie Platz im Magen brauchen, um sich der zeitweiligen Völlerei zu widmen, sollten Sie mit dem Mineralwasser vorsichtig sein. Speziell Mineralwasser mit Kohlensäure ist da höchst »gefährlich«. Ein Glas davon, und Sie haben mindestens das Volumen von einem oder zwei Gängen im Magen. Insofern sollten Sie – wenn überhaupt – stilles Wasser trinken, aber auch davon nur so viel wie nötig. Der »Höhepunkt« wäre es zweifellos, wenn Sie erstens dem Brot gut zusprechen und zweitens dazu Mineralwasser mit Kohlensäure trinken. Dann können Sie eigentlich gleich wieder aufstehen und gehen. Andererseits würden Sie dann beim Essen des Menüs vielleicht eine Art didaktisches Erlebnis haben: Sie würden merken, was es bedeutet, über den Hunger hinaus zu essen. Und noch eine Kleinigkeit, die wirken kann wie Mineralwasser plus Kohlensäure plus Berge von Brot zusammen: Reden Sie nicht zu viel. Wer versucht, gleichzeitig viel zu reden und viel zu essen, wird von den Details des Essens überhaupt nichts mitbekommen. Unser Gehirn trennt die beiden Bereiche grundsätzlich voneinander. Man kann nur entweder reden oder konzentriert essen.

### Tipp 6: Sparen Sie bei den Fetten

Ein oft übersehenes Problem bei größeren Essen ist die Menge an Fetten. Es gibt Sahnesaucen, die hinreißend gut und süffig schmecken und sogar noch den Eindruck erwecken, sie seien relativ leicht (vielleicht weil sie schaumig aufgeschlagen sind und »luftig« wirken). Trauen Sie nicht Ihrem Geschmack, sondern behalten Sie sich noch ein kleines Stückchen kulinarisch-naturwissenschaftlichen Verstand und essen Sie stark fetthaltige Zubereitungen nicht unbedingt ganz auf. Ich habe Restaurants erlebt, die schon beim amuse gueule allerlei Kalorien eingesetzt hatten. In solchen Fällen sollte man vorsichtig sein.

### Tipp 7: Essen Sie die Gerichte nicht komplett auf

Falls Sie gelernt haben, dass man seinen Teller immer komplett aufisst, gewöhnen Sie sich am besten dieses Verhalten ab. Man sollte bei größeren Menüs immer daran denken, dass noch allerlei kommt, und ein Gefühl dafür entwickeln, was geht und was nicht geht. Sie werden es nicht bereuen! Ich mache das schon aus beruflichen Gründen so. Ich esse so viel, wie ich brauche, um das Gericht zu verstehen, dann beende ich die Degustation. Wenn der Teller abgeräumt wird und der Service besorgt fragt, ob es nicht geschmeckt hat, empfiehlt sich die Bemerkung, dass man noch etwas Platz für die nächsten Gänge lassen wolle. Dann sind alle beruhigt. Ein nur halb aufgegessener Teller löst je nach Lage der Dinge nämlich in der Küche schon einmal Besorgnis aus. Eine Kleinigkeit auf dem Teller zurückzulassen, ist leichter als Sie zunächst denken.

### Tipp 8: Trinken Sie sich langsam »warm«

Analog zum Essen kann es selbstverständlich auch mit dem Trinken von Wein zum Essen Probleme geben. So angenehm ein Glas Champagner zu Beginn eines Menüs sein kann, so sehr muss man aufpassen, dass man nicht zu früh seinen Alkoholpegel in strapaziöse Bereiche bringt. Hier kann der Effekt ein ganz spezieller werden: Einerseits sättigt Alkohol de facto natürlich genau wie Essen. Andererseits kann er aber den Appetit noch erhöhen, und zwar besonders im Zusammenhang mit sehr herzhaften Speisen wie etwa einem kräftigen Hauptgericht und dem Käse nach dem Hauptgericht. Da kann eine erhebliche Menge Wein getrunken werden, ohne dass man das so recht mitbekommt, weil man die Wirkung immer wieder durch herzhafte Bissen Käse neutralisiert. Und zu allem Überfluss macht der Alkohol dann anschließend auch noch großen Appetit auf Süßes, was endgültig in Völlerei ausarten kann. Auch ohne süchtig zu sein oder besonders stark auf Alkohol zu reagieren, können Sie in diesem Zusammenhang schnell spüren, was Essen und Alkohol gemeinsam mit Ihnen anstellen können.

### Tipp 9: Rechnen Sie mit einer kurzen Schwächeperiode

Beim Essen großer Menüs kann es zu einem merkwürdigen Effekt kommen: Sie merken irgendwann, dass Sie nicht mehr können. Sie fühlen sich überfüllt, der Wein wirkt schon kräftig, Sie haben eigentlich keinerlei Lust mehr, weiter zu essen, und würden am liebsten stehenden Fußes ins Bett gehen. Machen Sie sich keine Sorgen, das geht vorbei. Es handelt sich um eine typische Erscheinung. Normalerweise wären Sie jetzt fertig mit dem Essen, hätten genug und würden aufhören. Nun aber haben Sie noch drei Gänge und das Dessert vor sich – von den Mignardises ganz zu schweigen. Entspannen Sie sich, atmen Sie ein paarmal durch oder gehen Sie ein paar Schritte nach draußen. Das gibt sich. Wenn Sie diese Phase überwunden haben, können Sie oft noch ganz erstaunliche

Mengen völlig ohne Probleme zu sich nehmen. Sie haben den toten Punkt überwunden.

### Tipp 10: Erleben Sie den Zustand der reinen Degustation!

Es gibt auch noch einen anderen Effekt bei großen Menüs, der aber anscheinend ein wenig an bestimmte Vorprägungen gekoppelt ist und nicht grundsätzlich bei allen Leuten eintritt: Wenn Sie ein Essen – sagen wir in einem kreativen Weltklasse-Restaurant mit einer außergewöhnlich spannenden Küche und einem 18-gängigen Degustationsmenü – vor sich haben, kann es sein, dass Sie in den »Zustand der reinen Degustation« kommen. Wenn Sie das erleben, seien Sie froh, es ist das Beste, was Ihnen passieren kann. Im Zustand der reinen Degustation finden Sie das Essen so interessant und gut, dass Sie ununterbrochen und in unbegrenzten Mengen essen können. Ihr Appetit übernimmt komplett die Regie und lässt sich von keinerlei Sättigungsgefühl davon abhalten, auch noch Gang 18 mit äußerster Konzentration und größtem Vergnügen anzugehen. De facto geben Sie sich einer komplett übermäßigen Nahrungsaufnahme hin, tatsächlich benutzen Sie Ihren Körper, um Ihrem Geist ein unvergleichliches Erlebnis zu bescheren. Das werden Sie nicht an jedem Tag machen oder schaffen. In jedem Falle ist dieser Zustand aber absolut erstrebenswert und gehört zu den schönsten Erfahrungen, die man kulinarisch machen kann.

# Zwei kulinarische Bilder: Warum üppiges Genießen oft so schön ist

Zum Abschluss möchte ich Ihnen noch zwei besonders schöne kulinarische Bilder präsentieren, die mich auch in der Erinnerung immer wieder davon überzeugen, dass ein umfangreiches Essen eine wunderbare Angelegenheit sein kann, die uns durch unser ganzes Leben trägt. Und: Der Umfang, die Macht und die Zeit dieses Ereignisses spielen dabei unbedingt eine Rolle. Solche Erlebnisse stellen sich nicht ein, wenn man einen einzelnen Salat isst und dazu an einem Gläschen Wein nippt. Ihre ganze Wucht für ein wunderbares Erlebnis von Lebensfreude und Genuss entfalten diese Bilder nur beim Zusammentreffen von sehr gutem Essen, Trinken und der Offenheit für ein großes kulinarisches Erlebnis. Tatsächlich können dies kleine Routinen sein, die zu genussreichen Konstanten des Lebens werden, ohne jemals irgendwelche Grenzen zu überschreiten. Aber – machen Sie sich ihre eigenen Gedanken.

Das **erste Bild** handelt von etwas, das ich in einem klassischen Brüsseler Restaurant hautnah miterlebt habe. De facto wird man feststellen können, dass die beiden älteren Gäste große Freunde einer Form von Genuss sind, die dem ein oder anderen Beobachter durchaus als Völlerei vorkommen kann. Es geht um ein Mittagessen an einem Samstagmittag im »Aux Armes de Bruxelles«, einer der großen Traditionsadressen in der Brüsseler Innenstadt. Hierhin kommen Touristen, vor allem aber die Brüsseler selbst, weil man in dieser Art von Restaurant, die eher wie eine der typisch großstädtischen, immer etwas edlen Brasserien wirkt, immer noch so essen kann wie vor vielen Jahrzehnten. Einen Tisch weiter also saß ein älteres Paar. Beide waren wohlgenährt oder auch etwas auf der dickeren Seite, und ich ahnte, dass es sich hier um den Typus von Gast handelte, der dieses Mittagessen in Brüssel an einem Samstag liebt und zelebriert (ohne dabei aber jemals lauter oder auch besonders lustig zu werden). Es gibt die Gewohnheit, am Samstag »in die Stadt« zu gehen, ein wenig herumzulaufen und einzukaufen, um dann ziemlich pünktlich zwischen 12 und 12.30 Uhr zum Mittagessen zu gehen. Dieses Mittagessen ist Kult! Man hat manchmal den Eindruck, als ob diese Mittagessen so ungefähr das Wichtigste und Schönste sind, das die Leute sich gönnen. Sie könnten wahrscheinlich auf alles Mögliche verzichten, nicht aber auf ein solches Essen. Die beiden am Nachbartisch also begannen das Essen mit dem obligatorischen Coup de Champagne. Das Programm ist kein Menü, sondern à la carte, und besteht grundsätzlich aus Vorspeise, Hauptgericht und Dessert. Allein von diesem Essen kann man hier richtig satt werden, weil die Portionen großzügig sind. Das wäre aber noch nicht wirklich der Erwähnung wert. Wichtig war, dass diese beiden älteren Gäste neben dem Champagner zu Beginn zu zweit eine Flasche Weißwein, eine Flasche Rotwein und einen Digestiv nach dem Essen verzehrt haben. Das alles in größter Selbstverständlichkeit, erkennbar wie immer, auf gutem Niveau und ohne mit der Wimper zu zucken. Aber man sah ihnen an, dass sie es lieben, in dieser Form, in dieser Umgebung und mit diesen Realien geradezu zu verschmelzen. Die Vorstellung, mit zwei Personen in recht kurzer Zeit (unter zwei Stunden) zwei Gläser Champagner, zwei Flaschen Wein und zwei Schnäpse zu trinken, und das – wie gesagt – an einem Mittag, ganz normal zum Essen, ist schon bemerkenswert. Ich war und bin von solchen Menschen, die so einen Genuss als Routine entwickelt haben, fasziniert, und neige – ehrlich gesagt – auch zu solchen Verhaltensweisen. Es ist einfach wunderbar, ein Gesamtkunstwerk an Genuss, sicherlich von außen gesehen viel zu viel, aber dennoch für einen ganz spezifischen, unvergleichlichen Zustand verantwortlich. Als die beiden gingen, wirkten sie ausgesprochen zufrieden und keineswegs sonderlich alkoholisiert.

Das **zweite Bild** zum Abschluss dieses Buches wird Sie vielleicht überraschen. Man bekommt bei dieser Geschichte die Hoffnung, dass Genuss und das Interesse an der Vielfalt der Dinge, mit der wir uns beim Essen erfreuen können, etwas Natürliches sind. Es scheint vom Genuss eine natürliche Faszination auszugehen, der wir uns nicht entziehen können und die uns von der Wiege bis zur Bahre betrifft.

Bevor ich diese kleine Geschichte erzähle, möchte ich noch kurz an ein anderes Erlebnis erinnern: Wir hatten vor Jahrzehnten die

Großmutter meiner Frau aus dem Krankenhaus zurück als Pflegefall ins Haus bekommen. Sie war eine sehr traditionelle und sehr zurückhaltende alte Dame, die aufgrund ihrer Herzprobleme immer schwächer wurde. Es näherte sich das Weihnachtsfest, und obwohl sie bettlägerig war, beschlossen wir, ein festliches Weihnachtsessen für sie zu machen. Wir brachten sie also von ihrem Schlafzimmer in ihr Wohnzimmer nebenan, auf einem großen Sessel und im Morgenmantel. Weil sie einmal in frühen Zeiten Haustochter bei einem Medizinalrat gewesen war, konnte sie sehr gut kochen und hat den Geschmack meiner Frau schon früh aufs Beste geprägt. Wir wussten also, was wir machen mussten, um ihr ein festliches Gefühl zu vermitteln. Und so gab es vor allem ein Essen, das festlich aussah, mit großen ovalen Vorlegeplatten beim Hauptgang und natürlich mit Wein. Obwohl sie längst stark geschwächt war, entwickelte sie nicht nur einen prächtigen Appetit, sondern trank tatsächlich zwei Gläser Wein. Sie war glücklich – und für meine Frau und mich war es ein fantastisches Erlebnis, uns standen die Tränen in den Augen. Auch heute noch erinnern wir uns immer wieder einmal an diese Szene. Was ein gepflegtes Essen nicht alles bewirken kann! Sie starb friedlich sechs Wochen später, und wir waren bis zum letzten Atemzug an ihrer Seite.

Nun aber zu meinem zweiten Bild: Wir kamen einmal ohne Hotelbuchung nach Lesconil in der Bretagne. Wir kannten den Ort und hatten auch konkrete Vorstellungen, in welchem Hotel wir in Lesconil oder in der Nähe übernachten könnten. Nur – leider war alles ausgebucht. Es wurde später und später und wir landeten bei einem Hotel, von dem wir wussten, dass man dort eigentlich nur mit Halbpension und für einen längeren Zeitraum unterkommen konnte. So war es auch: Minimum vier Tage und Halbpension, und das mir als Gourmet. Wir stimmten zu und rechneten beim Essen mit dem Schlimmsten. Der erste Abend kam und wir vermuteten – was wir von ähnlichen Hotels her schon kannten – ein

Essen an der Grenze zur Genießbarkeit. Es gab einen großen Speisesaal, in dem sich in kürzester Zeit alle Gäste einfanden – natürlich an festgelegten Tischen und teilweise mit Weinflaschen auf dem Tisch, die man nicht austrinken musste, sondern bis zum nächsten Tag stehen lassen konnte. Irgendwie begann uns die Szenerie aber dann doch zu interessieren, weil sich mit den fast ausschließlich französischen Gästen eine sehr schöne und entspannte Atmosphäre entwickelte. Zu unserer Verwunderung war das Menü erstaunlich vielfältig und überraschend schmackhaft. Es begann jeden Abend mit einem Meeresfrüchteteller u. a. mit den örtlichen Langustinen und Austern, gefolgt von einer Suppe, einem Fischgericht mit einer typisch französischen Restaurant-Sahnesauce, einem Fleischgang und einem Dessert. Die Weine waren keine Offenbarung, aber auch nicht teuer. Wir haben das Menü, oder besser gesagt: die ganze Sache genossen. Das Essen war eben nur ein Teil der Szenerie, die man sich nur hier in Frankreich, nicht aber bei uns in dieser Form vorstellen konnte.

Die eigentliche Sensation saß am Nachbartisch, wo drei Personen ihren Platz hatten: eine etwas ältere Frau, ihre Tochter und deren Sohn, ein kleiner Junge von etwa 5 Jahren. Dass in Frankreich die Kinder kulinarisch entspannt sozialisiert werden, war uns schon häufiger aufgefallen. Es gibt keine Sonderwünsche, die Kinder machen mit oder nicht. Dieser kleine Junge aber machte nicht nur alles mit, er aß buchstäblich das ganze Menü, und das mit wachsender Begeisterung. Erst bastelte er konzentriert an den Langustinen und pulte selbst aus den kleinen Scheren noch das letzte Stück Fleisch. Dann kamen die Austern, die er ohne mit der Wimper zu zucken mit großer Begeisterung schlürfte. Manchmal gab es auch Muscheln zum Auslösen oder die winzigen Bigorneaux – alles für ihn kein Problem. Suppe ging auch, Fisch und Fleisch sowieso, wobei man ja schließlich auch noch die Knochen vom Lammkotelett abnagen konnte. Kurzum: Ich hatte das Gefühl, dass die Welt kulinarisch noch voller Hoffnungen ist, dass sich die Gourmandise mit einem solchen Nachwuchs auf dem besten Weg befindet und wir uns keine Sorgen machen mussten, dass im Getümmel von Billig-Süßigkeiten und Fast Food das Abendland untergehen wird. Es war wunderbar.

Warum »funktionierte« der Kleine so gut? Natürlich kenne ich die diversen entwicklungspsychologischen Untersuchungen und weiß von einer frühen Phase als »Omnivore« (»Allesesser«), der dann langsam eine Phase mit der Ablehnung von diversen Lebensmitteln folgt. Ich weiß, dass man es danach eher schwer hat, die Kinder und Jugendlichen an ein breites Verständnis heranzuführen und dass normalerweise sehr viel »Arbeit« nötig ist, um eines Tages eine Persönlichkeit zu bekommen, die einfach nur unproblematisch isst und Spaß an Genuss in seiner ganzen Breite hat. Hatte der Junge vielleicht eine verlängerte »Omnivore-Phase«? Oder war er einfach nur – das entsprang meiner Fantasie – ein ganz normales Kind, das immer ganz normal alles mitgemacht hatte, und selber oder über seine Familie wusste, wie schön solche Essen sind? Wurde er vielleicht zu Hause viel kürzer gehalten? Nahm er die Situation als im positiven Sinne besonders wahr? Wir haben nicht gefragt, weil wir die Szenerie nicht in eine reflektierende und reflektierte umdrehen wollten. Ganz im Gegenteil. Wir haben uns mindestens so gefreut wie der Kleine, jeden Abend. Und: Wir haben es nicht vergessen.

Manchmal habe ich das Gefühl, ich esse heute genau so, wie dieses Kind. Und wenn ich dieses Gefühl trotz meiner beruflichen Besonderheiten beim Essen habe, fühle ich mich besonders wohl. Außerdem bin ich längst ein »Omnivore« par excellence, und zwar einer von der Sorte, die es wahrscheinlich eher selten gibt. Ich habe bis zum Alter von etwa 35 Jahren kaum etwas »Fremdes« gegessen und geriet immer in Panik, wenn ich – zum Beispiel als Rockmusiker bei Promotion-Aktivitäten – in Situationen kam, in denen man in guten Restaurants etwas »Besseres« bestellen musste. Als ich dann mit der Hilfe und Unterstützung meiner Frau mein kulinarisches Leben komplett auf den Kopf gestellt habe, habe ich alle No-Gos so konsequent abgebaut, dass ich zu einem kompletten Omnivore wurde. Ich esse alles, ohne Probleme, und wenn es gut ist, auch gerne. Ich bin also wieder ein Kind geworden, das als Erwachsener mit diesen Eigenschaften auch noch besonders gut dasteht. Bin ich zur Natürlichkeit zurückgekehrt, dahin, wo der Junge in Lesconil war? Ich hoffe es, nein, ich bin dieser festen Überzeugung.

P.S.: Und was die »Todsünde« anbelangt: Ich bin nach all diesen Überlegungen mehr denn je der Meinung, dass der Aspekt, den ich in meinem Gespräch mit Kardinal Meisner angesprochen habe, der entscheidende Ansatz für die Zukunft ist. Mit einem Maximum an Sensibilität, dem klaren Erkennen großer Zusammenhänge und vor allem jener Offenheit, die uns befähigt, immer gleichzeitig unsere eigene Position zu relativieren sowie Neues und Gutes zu erkennen, würdigen wir das, was uns die Schöpfung bietet. Unter dieser Prämisse wird nie die Gefahr bestehen, dass wir Nebengötter etablieren und uns von dem abwenden, was für uns alle gut ist. Und Papst Franziskus wird mit seinen Bemerkungen geradezu zu einem Verbündeten …

# Literaturverzeichnis

Adipositas-Gesellschaft, www.adipositas-gesellschaft.de
Becker-Huberti, M. (2001). *Feiern, Fasten, Jahreszeiten. Lebendige Bräuche im ganzen Jahr*. Herder Verlag, Freiburg.
Bottura, M. (2020). *Refettorio. 37 Recettes Anti-Gaspi*. Maison CF, Paris.
Dalby, A., Grainger, S. (1996). *Küchengeheimnisse der Antike*. H. Stürtz Verlag, Würzburg.
Dollase, J. (2017). *Pur, präzise, sinnlich: Ganzheitlicher Genuss – die Zukunft des Essens*. AT Verlag.
Dollase, J. (2005, 5. Februar). *Gespräch mit Kardinal Meisner*. FAZ – Geschmackssache.
Dünnebier, A., Paczenky, G. von (1999). *Kulturgeschichte des Essens und Trinkens*. Orbis.
Foster, N., Nabel-Foster, S. (1980). *Schlemmen hinter Klostermauern*. Hoffmann & Campe Verlag, Hamburg.
Goscinny, R., Uderzo, A. (1980). Asterix bei den Belgiern. Ehapa-Verlag, Stuttgart.
*Guiness World Records* (2021). Ravensburger Verlag, Ravensburg.
Hessischer Rundfunk (Hrsg.) (1993). *Speisen, Schlemmen, Fasten. Eine Kulturgeschichte des Essens*. Nach einer Sendereihe des Hessischen Rundfunks. Insel Verlag, Frankfurt am Main und Leipzig.
Logue, A. W. (1998). *Die Psychologie des Essens und Trinkens*. Spektrum Verlag, Heidelberg/Berlin.
*Meyers Enzyklopädisches Lexikon* (1979). Bibliographisches Institut Mannheim.
Peter, P. (2009). *Kulturgeschichte der deutschen Küche*. C. H. Beck Verlag, München.
Pudlowski, G. (2009). *Les grandes gueules: et leurs recettes*. Glenat.
Rheinische Post Düsseldorf (2021, 13. Juli, Seite B 5). *Jugend leidet unter Übergewicht*.
Sametschek, U., Seifert, T. (1977). *Die Kochkunst in zwei Jahrtausenden*. Gräfe und Unzer, München.
Schönfeldt, Gräfin S. (2019). *Bei Fontane zu Tisch*. ebersbach & simon, Berlin.
Schultz, U. (Hrsg.)(1993). *Speisen, Schlemmen, Fasten*. Insel Verlag, Frankfurt.

## Bildnachweis

S. 14: © Dr. W. Bahnmüller, picture alliance
S. 26: © picture alliance/akg-images
S. 29: © picture alliance/akg-images
S. 34: © Sven Simon, picture alliance
S. 42: © Rita Mühlbauer, picture alliance
S. 47: © Geisler-Fotopress/Christoph Hardt, picture alliance
S. 63: © Kolmikow, picture alliance/dpa
S. 79: © Markus Grolik, picture alliance
S. 89: © Dinuka Liyanawatte, picture alliance

> »In unserer Gesellschaft, die nach Selbstoptimierung und beruflichem Erfolg strebt, haben Wut und ihre Ausgeburt, die Aggression, eigentlich keinen Platz. Und doch sind sie überall.«
>
> Johanna Kuroczik

Die explosive Gefühlslage gilt als primitiv, böse. Gut und angesagt sind Gelassenheit, Yoga und ein buddhistisch inspiriertes In-sich-Ruhen. Wer wütend wird, hat sich nicht im Griff, verliert die Kontrolle, »fährt aus der Haut«. Johanna Kuroczik sieht sich in ihrem Buch die Sache mit der Wut genauer an. Was ist gut an Wut, an diesem Feuerball im Inneren, der eben auch ein Motor für Veränderungen sein kann? Was sagt die Neurowissenschaft zu dem kraftvollen Gefühl, und wie kann es gelingen, damit positiv umzugehen und es konstruktiv zu nutzen?

Johanna Kuroczik
**Wut!**
*Mut zum Zorn*
128 Seiten, 8 Abb.
Klappenbroschur
€ 15,– [D]
ISBN: 978-3-7776-3046-5
E-Book: epub. € 13,90 [D]
ISBN 978-3-7776-2967-4

www.hirzel.de

# HIRZEL

S. Hirzel Verlag · Birkenwaldstr. 44 · 70191 Stuttgart · T. 0711 2582 341 · Fax 0711 2582 390 · service@hirzel.de